# LA VÍA INICIÁTICA

SEBASTIÁN VÁZQUEZ

# LA VÍA INICIÁTICA

## El sendero de retorno a Dios

Biblos

Primera edición: marzo de 2024

© Sebastián Vázquez
© Editatum
www.editatum.com
www.libros-biblos.com

Diseño de cubierta: © Marta Villarín (EDITATUM)
Maquetación de interior: © EDITATUM
ISBN: 978-84-19731-54-8
Depósito legal: M-5173-2024
Impreso en España–*Printed in Spain*

# Índice

*A todos los que siembran el bien en el jardín de la vida.*

*A todos los que han comprendido el valor y significado de la práctica de la virtud.*

*A todos los que eligen lo que une sobre lo que separa.*

*A todos los que tejen y extienden el manto del amor.*

*A todos los que miran a lo alto, que usan palabras de espuma y verdad, que gustan de la paz y la buscan, que suspiran por la justicia y la esperan.*

*A todos los que tienen el corazón de un niño.*

# Introducción

*«La verdad solo es tal para quienes son capaces de reconocerla».*

Doy inicio a esta narración con la intención de que pueda servir de ayuda para aquellas personas que tienen esa necesidad espiritual interior tan difícil de definir con palabras y tan complicada de articular a través de un discurso mental. A esta pulsión se la ha definido muchas veces como «la necesidad de Dios». Durante una etapa de mi vida experimenté esa necesidad. Sé que ese término de Dios en realidad dice tanto como tan poco, por lo que la misma frase de «necesidad de Dios» resulta imprecisa y solo es susceptible de ser comprendida por aquellos que la sienten y que pueden aceptar que el significado de esa frase los concierne pese a su ambigüedad. Sin embargo, ese es un punto de partida común a muchas personas y también fue el mío, por lo que en este relato se harán necesarias algunas referencias personales en mi recorrido de la Vía al lado de un maestro.

Yo, como tantos, pertenecí a ese colectivo que se ha definido como «buscadores», personas movidas por ese impulso mencionado, llevado a la conciencia o no, y que terminamos pasando por un recorrido muchas veces muy similar. Mi experiencia me ha mostrado que a algunos de esos «buscadores» les mueve exclusivamente la propia búsqueda y que no desean ningún encuentro que les impida seguir disfrutando de su búsqueda constante; estas personas son las que al final suelen optar por la fantasía y que cuando justo están cerca de algo cercano a lo real, se apartan. Otras son movidas por una inquieta curiosidad, la cual puede ser solo mental o estar vinculada a la excitación que supone ir sumando experiencias. Pero hay otras que sí tienen verdadero anhelo de encuentro y que, si bien también han transitado por la fantasía o la curiosidad, su sinceridad hace que sean capaces de distinguir aquello que ya no les es útil, y su coraje, asociado a su necesidad, hace que no teman encontrarse con lo que les acercará a lo real. Es como un hambriento que es capaz de diferenciar muy bien un alimento real que se puede comer de un vistoso libro de recetas de cocina que, sin embargo, nunca le quitará el hambre.

## Maestro

Comenzar un libro sobre la Vía iniciática y el trabajo espiritual empezando por el maestro, si bien puede parecer arriesgado, en realidad, no puede hacerse de otra manera, pues él es la puerta de acceso; es la puerta y la llave.

Bien es sabido que en Occidente esta idea quedó rechazada hace tiempo por tres motivos: la primera, por entender la falta de necesidad de su función, sobre todo bajo la idea de que no son necesarios o de que cada cual es su propio maestro; la segunda se debe a la hipótesis de que los maestros habitan en otros planos y dimensiones al margen de lo físico; la tercera es que, si bien la idea de maestro puede ser hipotéticamente aceptada, se coloca en un plano de idealización y fantasía tal que queda al margen de la realidad.

Es cierto que en Oriente esta idea sigue operativa en disciplinas como el *zen* o el sufismo, pero para nosotros es muy lejana o es solo aceptable dentro del marco específico de una disciplina a seguir: si sigo el *zen,* en el *zen* hay maestros. Pero fuera de esos marcos y contextos, la figura del maestro no es aceptable ya que lo primero que provoca es rebelión. Obviamente, tampoco nadie necesita un maestro o ningún guía si no precisa aprender nada ni necesita ir a ninguna parte. Pero la cosa cambia si lo necesitas, y el reconocimiento de esa necesidad es ya un gran paso: empieza la posibilidad de convertirse en discípulo. Y no hay maestro si no hay discípulo.

## Discípulo

Uno de los mayores obstáculos en el inicio y continuidad en la Vía reside en la dificultad que representa adoptar el estado de discípulo. Para algunas personas esta dificultad es insalvable, incluso para aquellas a las que la Vía se les ha mostrado de modo diáfano. Y la razón es que alcanzar el estado de discípulo no es fácil, ya que implica hacer ciertas renuncias.

Es común que antes de encontrarse ante la decisión de iniciar o no la Vía, una persona haya llegado hasta ahí portando un bagaje que, naturalmente, considera valioso, pues la mayoría de las veces es fruto de la voluntad y del esfuerzo, por lo que lleva añadido una acumulación de factores emocionales y vitales. Se suele decir que ese bagaje ha sido útil, pues ha conducido al individuo ante el inicio de la Vía, lo cual es cierto, pero no es menos cierto que ese bagaje puede convertirse a menudo en un obstáculo, ya que no será en adelante necesario y, antes o después, habrá que desprenderse de él. Esta es la primera dificultad: el apego a ese bagaje.

Nuestra mente nos invita siempre a sabernos conocedores. Esto ofrece seguridad y nos ubica en un escalón más alto respecto a los que no tienen nuestros conocimientos. En el ámbito que nos ocupa, el de los «buscadores», esos conocimientos se refieren además a aspectos metafísicos o filosóficos, es decir, temas resbaladizos sobre cuya pretensión de conocimiento suele estar asociada la arrogancia, eso sí, bien disimulada. Pero por lo común, esos conocimientos son prestados, vienen de lecturas, de distintas fuentes doctrinales, de lo adquirido en cursos o seminarios, etc. Esto significa que esos conocimientos han sido seleccionados por la mente frente a otros que, a veces, son incluso opuestos, algo que frecuentemente ocurre en el ámbito de la filosofía o de las doctrinas religiosas. Si una persona ha aceptado, por ejemplo, la hipótesis de la reencarnación como verídica frente a otros relatos *post mortem* distintos ofrecidos por otras creencias, deberá afianzar dicha hipótesis con argumentos que la apuntalen de modo que pase a convertirse de creencia en certeza. Este tránsito de lo que en principio fue una hipótesis hasta convertirse en certeza, lo ejecuta la mente de un modo autónomo, dado que uno de sus parámetros de acción descansa en sentirse segura, y una certeza ofrece seguridad, mientras que una idea como hipótesis abre el camino a otras alternativas generando dudas. Sin embargo, en la Vía, la duda es muy valiosa, pues te ofrece constantemente la posibilidad de elección. Por otro lado, la situación mental que propone la provisionalidad de las hipótesis permite que el pensamiento esté más activo y, sobre todo, con más posibilidades de crecimiento. Una mente con convencimientos ya no necesita crecer ni esforzarse: es una mente cerrada y vencida.

Este es el apego al bagaje: si una persona ha estado años afianzada en una creencia y la propia dinámica de un trabajo espiritual empieza a ponerla en duda, es más que probable que la mente se sienta atacada. Además, una mente llena de certezas y «verdades» no necesita aprender y, por tanto, no necesita ubicarse comodiscípulo. En todo caso, lo que buscará es que las nuevas opciones de pensamiento que vayan apareciendo confirmen lo ya sabido, aunque esto requiera forzar las cosas hasta el límite de la fantasía.

## Fantasía

Una de las características más identificativas de la Vía es que te pone los pies en el suelo: la fantasía no tiene cabida. La Verdad solo puede hallarse desde la verdad. La verdad es que el sol sale por el este o que la sangre humana es roja. Esto, que podemos llamar la «verdad de lo obvio» es un punto de partida. La fantasía o falsas verdades no lo son. Que el sol sale por el sur no es verdad y por tanto no puede ser un punto de partida para conocer la mecánica celeste. La fantasía, del griego *phantasos,* significa «servidor de los sueños» y puede servir de entretenimiento y ocio, pero se queda en ese lugar de la ensoñación. Pero la Vía se basa en lo evidente: respiramos, nos nutrimos, vemos con los ojos y respiramos con los pulmones, dormimos de noche y al despertar actuamos; efectivamente estas son evidencias sencillas, obvias, patentes, sí, pero es ahí donde tiene la base la Verdad, en esas pequeñas verdades. Y es por esa sencillez por la que se empieza.

La etimología de la palabra discípulo nos muestra a «aquel que se deja enseñar»; a su vez, la palabra «disciplina» viene de «discípulo» y se refiere a esa actitud imprescindible en cualquier aprendizaje.

Pero volvamos al bagaje y al desapego de este. Como dice el famoso cuento *zen* «una taza llena no puede llenarse de nuevo hasta que antes no se haya vaciado». Al principio confiamos en que los contenidos de nuestro bagaje puedan ser compatibles con las enseñanzas y prácticas de la Vía, y esto a veces es así, pero la mayoría de las veces no lo es, y no lo es por una razón: la Vía implica libertad, en especial libertad de pensamiento, y una persona convencida de sus creencias es, como dijo el Maestro, «una persona *vencida con*». Por decirlo de algún modo, la Vía se inicia mejor siendo como un folio en blanco.

Dicho esto, he de pasar a añadir que en mi primer encuentro con la Vía y el Maestro me llevé una sorpresa: no se me pedía creer en nada. Años después entendí que en realidad las creencias particulares de cada cual, salvo que se haga de ellas una cárcel, carecen de relevancia respecto a un trabajo que opera en lo real. Tampoco se me pidió abandonar mis creencias previas: fue el trabajo el que, poco a poco, las fue deshaciendo, a veces suavemente, a veces de modo más contundente.

La otra dificultad del discípulo es la de su nula capacidad inicial para reconocer al maestro y a la maestría, sin embargo, él cree que sí la tiene y esto también es un obstáculo enorme. Recuerdo perfectamente que algunas personas rechazaron al Maestro porque fumaba. Ese hecho, en su opinión, era suficiente para desacreditarlo debido a que en su «retrato mental» de cómo debía comportarse un maestro no figuraba el que fumase.

Ante esta situación, un día te das cuenta de que, si has llegado hasta «allí» en cierto momento de tu vida, es decir, has entrado en contacto con la Vía, significa que es la propia Vía, y por tanto Dios a través del maestro, el que te ha llamado y te ha puesto ahí. Por tanto, solo queda decir «sí» o «no» a esa invitación y dar el «sí» solo es posible si se escucha al corazón, pues la pretensión de reconocer o no el trabajo, la enseñanza, la Vía o el maestro, no está al alcance de quien es invitado a participar. Su respuesta ha de salir del corazón, el único capaz de reconocer y «recordar», algo que el intelecto y su bagaje no es capaz de hacer. El último obstáculo en el inicio de la Vía es el miedo. Es muy posible que hasta ese momento una persona haya acumulado un historial de buscador, pero encontrar la Vía significa dejar ya de buscar y eso genera vértigo, ya que se intuye que los códigos no son los mismos como buscador que como alguien que ya ha encontrado. La sensación primera es que «va en serio»; es decir, ya no es una mera búsqueda intelectual carente de compromiso que va de un lado a otro. Ahora aparece, si bien como algo lejano, un compromiso que, antes que nada, es contigo mismo, pero a su vez, lo es con el maestro y con la Vía. Es cierto, las reglas cambian.

## La actitud del discípulo

El discípulo necesita de dos virtudes: ser consciente de su necesidad de aprender y su obediencia a la disciplina, que es la forma activa de obediencia a las directrices del maestro. Esto me permite hacer aquí una importante puntualización respecto al maestro. Un verdadero maestro contempla y asume la capacidad de un individuo ya inmerso en la Vía de gestionar adecuadamente su vida privada. Por tanto, un maestro no es ni un *coach* ni un terapeuta. Por mi parte, le escuché una pauta que me resultó muy valiosa: «no os hagáis daño a vosotros mismos». Suficiente.

Pero la cabeza del discípulo lleva mucho tiempo funcionando autónomamente al servicio de la supervivencia y del confort de su *dueño,* trabajando casi en exclusiva con los contenidos de la mente. Y se hace un sinfín de preguntas que suelen terminar resumidas en dos: ¿será el Maestro un maestro?, ¿será esta la Vía? Nuevamente, el discípulo no encuentra respuestas en el mismo nivel de donde ha surgido la pregunta, y si no es capaz de elevar ese nivel, aunque sea solo un poco, terminará haciéndose daño en ese circuito cerrado mental sin solución. Sin solución, ya que la respuesta se halla en el corazón, un corazón cuya voz es muy sutil y muy ligera, y siempre ha guardado silencio ante el atronador grito de la mente y sus discursos. Y sí, es cierto, esas dudas respecto al maestro o al trabajo cambian un día de dirección y se transforman en dudas respecto a ti mismo frente al maestro y frente al trabajo; es decir, en dudas respecto a la propia capacidad de comprensión, respecto a la actitud ante la disciplina, a la impecabilidad frente al maestro y al trabajo, o a la sinceridad frente a uno mismo. Además, aparece el conflicto entre la voz del corazón y aquella que los egipcios llamaban «la voz del vientre». Un verdadero aprendizaje requiere aprender a escuchar la voz del corazón y diferenciarla de la voz del vientre o la voz de la mente menor gobernada por la actividad de sus contenidos. Y no, la voz del corazón no es la de las emociones.

Al final, todo se reduce a un ejercicio de sinceridad, primero frente a uno mismo y después en lo referido al trabajo. Esa sinceridad siempre será un motor y una fuerza respecto a la debilidad, respecto a las flaquezas y respecto a todas las dificultades inherentes al recorrido. El otro gran factor que el discípulo debe de integrar es el de la libertad, algo que no ha de confundir con la posibilidad de elegir. La libertad solo se consigue liberándose de las cadenas que atan la mente, el cuerpo, las emociones… cadenas a veces pesadas y en ocasiones casi imperceptibles; cadenas que solo con el ejercicio de la libertad se pueden romper para así alcanzar la Libertad Total. La libertad no consiste en elegir entre esto o aquello, sino de liberarse de esto y de aquello.

## El maestro Doménico

Conocí a Doménico en 1992 de modo casual, me refiero a ese tipo de casualidades capaces de modificar el rumbo de una vida. En ese momento la mía se hallaba debilitada y en conflicto. Un día me encontré en el centro de Madrid a un conocido que residía en otra provincia. Le pregunté qué hacía en la capital y me dijo que había sido invitado a una reunión en El Escorial a la que asistiría un maestro que venía de Italia. Le había convocado un amigo común y el resultado final es que allí acudí con escasas expectativas provocadas por lo raro que para mí resultaba entonces el que un maestro viniera de Roma y no de, por ejemplo, el Tíbet o la India. Mi propia situación personal no mejoraba las cosas, pues antes de que llegase el Maestro ya me estaba preguntando qué hacía allí. En un saloncito de un hotel de El Escorial esperábamos reunidos no más de treinta personas. Al poco apareció Doménico. Su imagen era la de un hombre vestido de modo normal y con un aspecto claramente europeo que me transmitió una extraña sensación de potencia, seguridad y también, he de decirlo, de desubicación. Después de encender un cigarro (entonces se podía fumar en cualquier parte) comenzó a hablar en italiano, siendo traducido por uno de los presentes. En síntesis, nos dijo que había fundado una orden en Santiago de Compostela que estaba presente y operativa en Italia y Francia y, de modo incipiente en España, que en el seno de esa orden se realizaba un trabajo espiritual real y que la puerta estaba abierta. Dijo que ello significaba una enorme oportunidad pues la singularidad y excepcionalidad del momento hacía posible poner en marcha este trabajo. Con la misma tranquilidad nos habló del objetivo del trabajo: llevarnos a la presencia de Dios. Por si esto no fuera suficientemente rompedor, una persona le preguntó por algo relacionado con discípulos, y él dijo que no le interesaban los discípulos, que él formaba maestros. Me quedé de aquella charla con algunas cosas más: que el trabajo no era ni abstracto, ni mental, ni emotivo, que era principalmente técnico y ejecutivo; dijo también que se podía probar, que a nadie se le preguntaba por la razón por la que entraba en la orden o la razón por la que salía. Me resultó especialmente sorprendente escuchar que para acceder al trabajo no se solicitaba compartir ninguna creencia, ponerse ningún uniforme, dejar de comer esto o aquello, ni adoptar cambios vitales. Tampoco se le pedía a nadie dejar nada de su vida, al contrario, dijo que si alguien era médico, debía ser el mejor médico, que si alguien era madre o padre, que debía ser la mejor madre o mejor padre posibles, y así sucesivamente; dijo que no solo no se debía abandonar nada, sino que, al contrario, se debía estar inmerso en la vida. Dijo también que el trabajo se basaba en la inocencia, en la libertad y en la sinceridad; en el recuerdo, la intención y el abandono. Por otro lado, se solicitaba a los que deseaban participar en el trabajo una disciplina respecto al mismo y el pago de una cuota para el mantenimiento de la orden. Como forma operativa, el inicio partiría de la formación de pequeños grupos, ya que el trabajo se hacía de manera colectiva una vez a la semana. Eso era todo; bueno, para mí hubo una cosa más,

Doménico parecía que «hablaba en serio» (era la primera vez que tenía esa impresión durante mi itinerario previo de «buscador») y esto hizo que me lo pensase. Lo de la cuota no me resultaba extraño, ya en otros lugares había pagado cuotas, pero esa sensación de «ir en serio» me hizo no precipitarme: meses después ingresé en la orden. Como él dijo, se podía probar, ya antes había probado otras cosas en ese trayecto como «buscador», ¿por qué no probar? Así ingresé en la Vía.

Reconozco que me desconcertaba no tener que asumir ningún dogma ni creencia, al contrario, parecía haber una exagerada libertad alrededor de todo aquello: todo se centraba en hacer el trabajo; esta era la piedra angular sobre la que descansaba todo. Por otro lado, estaba él, sin duda la persona más potente y especial que había encontrado en mi vida y, a día de hoy, más de treinta años después, no he vuelto a conocer a nadie igual. Llevaba muy poco tiempo en el trabajo cuando un día alguien dijo que Doménico nos había convocado en Luxor. A pesar de las dificultades, allí me presenté junto a unas cien personas procedentes de varios países. De algún modo esa fue también mi entrada a la comprensión del inmenso legado espiritual del Antiguo Egipto, si bien aún no lo sabía.

## El trabajo

Puedo decir que la mejor alegoría para explicar el trabajo es la agrícola. Se llama trabajo de un modo muy preciso al proceso de desarrollo espiritual, pues este representa esfuerzo, constancia, disciplina y cuidado. Solo después, poco a poco, la semilla siendo nutrida irá creciendo para, más tarde, dar su fruto.

Bien sabemos que las más importantes funciones orgánicas asociadas a la vida actúan de modo vegetativo, de manera que en esos procesos no intervienen ni nuestra volición ni nuestra conciencia. Incluso existe un sistema nervioso llamado, precisamente, «autónomo» que se encarga de esas tareas, algunas muy delicadas y precisas e indispensables para la vida. Un sistema increíblemente inteligente que funciona «solo». El trabajo espiritual es, en principio, y por decirlo de algún modo, también vegetativo. Eso sí, requiere de unos factores previos. Sin embargo, antes hay que aclarar algo que, sin embargo, debería resultar evidente: un trabajo espiritual lleva implícita la idea de la trascendencia y actúa sobre aquello que trasciende.

Hoy, dicho trabajo continua operativo dentro de la Orden DOM fundada por el Maestro. Este nombre está formado por las iniciales de la frase latina *Deo optimo máximo* cuya traducción es «a Dios el mejor y más grande» y se ve a menudo en muchas iglesias sobre todo del Renacimiento.

## El libro

Este obra está formada por una selección de artículos que han ido apareciendo en mi blog *tradicionoriginal.com* a lo largo de los últimos años. Algunos han sido revisados para dar coherencia al conjunto a la par que he añadido textos nuevos y también algunos extractos de conferencias y cursos que he impartido, o respuestas a preguntas de lectores, muchas de ellas respecto a dudas sobre las creencias de la nueva era, e incluso hay algunos breves fragmentos de otros libros que he publicado. Como he dicho he tomado como referencia la Vía iniciática y el trabajo espiritual que el recorrido de esta requiere. Estos son conceptos de los que se ha hablado hasta la saciedad tanto en escuelas y órdenes llamadas iniciáticas que tienen un origen tradicional, como dentro de entornos pseudo-esotéricos que nunca han tenido nada que ver con una vía real y auténtica.

Ha sido en las religiones donde comúnmente siempre se han enraizado estas vías que, si bien es solo una, a veces se han mostrado como diferentes. Valga el ejemplo de los yogas principales: conocemos el *gñana yoga,* o «yoga del conocimiento», basado en el estudio y la especulación filosófica y muy centrado en el componente mental; el *bhatki yoga,* o «yoga de la devoción», con un fuerte contenido emocional; o el *karma yoga,* o «yoga de la acción», basado en lo ejecutivo y la participación activa en la existencia de forma anónima y desinteresada. No obstante, en la doctrina yóguica se denomina «yoga real» al *raja yoga* que, por así decirlo, reúne a los demás. Valga este ejemplo para mostrar que solo cambian los accesos que facilitan el proceso de acuerdo a la naturaleza de quien sigue esas prácticas. Podemos usar como símil los distintos afluentes que van a dar a un mismo río que al final, desembocará en el mar.

Es por este motivo que el lector encontrará en el texto referencias a distintas religiones, bien en sus aspectos más ortodoxos como en los más heterodoxos. Cristianismo, hinduismo, taoísmo, budismo, sufismo… son todas expresiones de la religiosidad inherente al ser humano capaces de mostrar una enorme sabiduría. Muchas otras referencias están tomadas del Antiguo Egipto, pues todo lo referido a la iniciación entendida como un proceso ordenado y codificado tuvo su fuente en la religión de la cultura faraónica.

Pero como ya ha sido dicho, cuanto más alguien se acerca a las cumbres de una religión, más van desapareciendo dogmas, doctrinas y creencias y más aparece la realidad última derivada de la experiencia del acercamiento a Dios. Y es ahí donde hay una convergencia, un encuentro entre personajes de la talla espiritual de santa Teresa, Rumi, Dogen, Ibn Arabí, Shankara… pues entonces ya es indiferente la religión a través de la cual han alcanzado esa cercanía a Dios. Es entonces también cuando la religión, por medio de la religiosidad natural de la persona y con el patrimonio de su sinceridad e inocencia, alcanza su objetivo de llevar al fiel hasta la cercanía a Dios.

Cada religión tiene su propio relato de ese recorrido y aconseja cómo transitarlo. Sin embargo, todos los seres humanos estamos constituidos del mismo modo y obedecemos a las mismas leyes, por lo que en la Vía, más allá de las características individuales de quien la recorre y de las particularidades de cada camino de acceso, lo cierto es que hay unos patrones comunes que pueden ser identificados y que son susceptibles de ser de gran ayuda para quienes sinceramente desean transitarla, tanto como para identificar primero qué es y qué no es una Vía y un trabajo espiritual, tanto como para conocer las distintas etapas e hitos de la misma.

También, algunos de los textos incluidos en el libro tienen la intención de aclarar ideas y conceptos de diferentes religiones muy difundidos en la actualidad, pero que, o están mal comprendidos, o incluso a veces han sido manipulados. Dedico algunas páginas a aclarar ideas propagadas actualmente por el ocultismo y la nueva era comúnmente aceptadas pero carentes de fundamento y que han generado gran confusión y desinformación. Tienen su origen en las frecuentes preguntas que sobre ciertos temas me han ido haciendo lectores del blog. Por último, sirvan estas páginas también como homenaje a todos los más grandes maestros que la humanidad ha conocido como Buda, Jesús o Mahoma y, con ellos, a todos los que continuaron, en sus respectivos linajes, la función de la maestría, lo cual lleva a otro tema fundamental ya mencionado: la necesidad de un maestro y la adhesión a una Vía inserta en la Tradición. A lo largo del libro siempre está presente el maestro Doménico y he incluido breves frases suyas. Esto se debe a que todo lo que a continuación leerán es fruto de su enseñanza y de la experiencia del trabajo espiritual que en la Vía y a su lado recorrí. De este modo comencemos por el principio.

Sebastián Vázquez

# La Vía Iniciática

## Qué es un trabajo espiritual I

> *«Un trabajo espiritual se refiere a aquel específico que primero despierta y después nutre la estructura espiritual del individuo provocando su crecimiento interior que derivará en el encuentro con Dios y en Dios por medio de su recuerdo. Este trabajo se refiere siempre a nuestra condición interna, a aquello que sí trasciende, a lo no condicionado por el mundo».*
>
> Doménico

Lo correcto es empezar por el principio, por las dos palabras que componen esta expresión: «trabajo» y «espiritual».

La palabra «trabajo» es la más fácil, porque todos sabemos qué es un trabajo y lo que requiere. El trabajo pide esfuerzo, disciplina, voluntad y unos medios. Para hacer pan se necesita harina, agua, fuego… El trabajo a veces no es grato y todo trabajo ha de tener un propósito. Todos buscamos a través del trabajo un fruto. El trabajo es aquello que produce un fruto: un fruto real. Porque si alguien trabaja y en vez de cobrar el sueldo recibe un discurso (pese a que este pueda ser un discurso estupendo, intelectual y magnífico) se sentirá defraudado, pues si no le dan dinero, no va a comer.

Es decir, por medio del trabajo buscamos un fruto real, verdadero. Como dijo Buda: «la verdad es aquello que produce resultados».

Entonces, tenemos ya un vínculo entre el trabajo y algo que queremos obtener.

La otra palabra, «espiritual», es más difícil, porque remite al concepto de «espíritu». La palabra «espíritu» es polisémica y su significado está en función de los contenidos que cada uno tenga dependiendo de su religión o de su filosofía. Para simplificar, vamos a decir que la palabra «espíritu» nos remite a la idea de «trascendencia», a «aquello que trasciende». Por lo tanto, un trabajo espiritual es aquel vinculado a la trascendencia y esa trascendencia, a su vez, nos remite a dos cosas: a la idea de Dios y a la experiencia de Dios. En cuanto a la idea de Dios, digo idea porque de Dios no se puede tener otra cosa más allá de esto. Como decía san Anselmo: «a Dios no se le puede pensar», pero, por otro lado, también fue dicho que, de algún modo, «se le puede experimentar», es decir, que Dios estaría más cerca de la experiencia que de la ideación.

En muchas tradiciones se dice que, efectivamente, Dios no pertenece al ámbito de la razón y, por tanto, el intelecto no sirve como vía de acceso. Ya sabemos hasta dónde llega la filosofía, las teorías, etc. Sin embargo, un trabajo espiritual se acerca más a una vivencia. A su vez, el concepto de trascendencia podemos ligarlo también a otra idea, a la idea de la religiosidad, que no debemos confundir con la religión.

La religión es una estructuración en un tiempo y en una cultura de unas formas concretas que en principio deberían ser un instrumento para acercarse a Dios. Pero todos sabemos lo que pasa con las religiones: recorren un primer ciclo activo que alcanza una cumbre y luego llega el momento en que la religión se transforma en algo social, la mayoría de las veces asociado al poder, que pasa a formar parte de la sociología y la antropología y cuyos principios ideológicos se transforman en dogmas. De este modo, toda religión ofrece un paquete cerrado tanto ideológico como práctico. En cuanto a las ideologías que proponen, nos explican el origen del hombre y el mundo, nos ofrecen un relato de lo que ocurre después de la muerte, proporcionan un código ético-moral y también una praxis. En esa praxis, a lo largo de la historia podemos ver básicamente tres elementos: la **ceremonia y la liturgia** (y ahora explicaremos la diferencia entre rito y ceremonia), la **práctica de la meditación** y la **plegaria u oración.**

Desde mi punto de vista, en la plegaria va integrada la meditación entendiendo la meditación como el medio para la consecución del estado meditativo. Sabemos que de nada sirve estar una hora sentado y muy relajado si en cuanto salimos por la puerta la «mente mono» empieza actuar. Meditar sirve para alcanzar el estado meditativo ahí fuera, en el mundo; ese es el objetivo de la meditación. Para eso Buda fue muy concreto: la meditación tiene como objetivo conocer tu propia mente y sus contenidos. Son dos los objetivos de la meditación: conocer los contenidos de la mente y cómo actúa. Sabemos que cualquier mente funciona desde la reactividad. La meditación se desarrolla como una metodología diseñada específicamente para parar la mecánica reactiva automática. Buda descubre que el hombre sufre y la razón de su sufrimiento está en la mente. Buda dice: *«el dolor es inevitable,*( es orgánico y vive en el presente), *pero el sufrimiento es opcional,* (vive en el pasado o vive en el futuro, pero fuera de la realidad presente)». A partir de ahí, Buda habla de los tres venenos: la aversión, el deseo y la ignorancia espiritual.

He mencionado la religión y volvemos al uso de las palabras. Como tantos vocablos del castellano, «religión» viene del latín, de *religio,* que significa «reunir». Las religiones nos dicen que la criatura está separada, distanciada de su Creador, y algunas religiones lo explican a su modo. Por ejemplo, en el *Génesis* se habla del exilio del paraíso: Dios expulsa de él al ser humano después de que desobedezca. Los musulmanes hablan del olvido de Dios porque el ser humano prefiere la escucha de la llamada del mundo ignorando así la llamada de Dios. En la India, la palabra «yoga» significa «unión»; todos los yogas distintos, el *hatha yoga*, el *karma yoga*, etc., tienen el mismo objetivo de unir. Estamos separados de Su Presencia y, por tanto, necesitamos reunirnos con Él de nuevo.

El objetivo de un trabajo espiritual es encontrar el modo de alcanzar esa reunión nuevamente. Las religiones son vías, y cada una nos ofrece sus propios relatos, sus propios códigos éticos, su praxis, etc. Las religiones coinciden en que en el ser humano está integrada esa pulsión de encontrarse nuevamente con Dios. Esa necesidad, esa pulsión, es la religiosidad intrínseca e inherente al ser humano que a veces llega a la consciencia y a veces no.

Hay personas en las que la necesidad espiritual aflora de forma potente. Los sufís dicen: «indigente, incrementa tu necesidad». Enfatizan el concepto de indigente, del pobre de espíritu, del que carece de lo más valioso, le falta Dios; e «incrementa tu necesidad» es como el amante y el Amado de la poesía mística que no pueden vivir el uno sin el otro, se necesitan y buscan el modo de acercarse. De algún modo, las religiones proponen que Dios siempre está dispuesto para ese reencuentro y que quien no lo está es su criatura.

Esa religiosidad, esa necesidad a veces es tan fuerte que ya ni la mente sirve, ni las creencias, nada… Esa necesidad es como tener hambre, pero claro, hay que trabajar.

En la religión egipcia hay un jeroglífico que es una azada, un arado de mano. El trabajo espiritual ha sido comparado muchas veces, como alegoría, con la agricultura. Se ve en las tumbas del Antiguo Egipto como están agachados con el arado de mano haciendo un surco en la tierra. Este jeroglífico de la azada se llama *mer*. La palabra «amor» viene de ahí y *mer* significa «amor». Los egipcios eran un pueblo más práctico que romántico. Fijaos, primero hay que hacer el surco para poner la semilla, a través del esfuerzo y del trabajo esa semilla dará su fruto. En su relato, Ra el señor del sol, ponía una semilla de luz en el corazón de los seres humanos, una semilla de luz ahí guardada. Dicha semilla de luz, si encuentra un sustrato fértil y maduro, germinará y necesitará ser nutrida, cuidada y protegida de lo que pueda dañarla (las malas hierbas que la pueden ahogar). Más tarde habrá que podarla y eliminar lo que sobra. Luego, en un momento dado saldrá la flor y de esa flor saldrá un fruto; fruto obtenido de un gran trabajo.

Volviendo al concepto de trascendencia podemos acudir a lo que dijo san Pablo: «nosotros somos y existimos». Una mesa existe, pero no es, carece de trascendencia. Ha nacido en el mundo, está en el mundo y quedará en el mundo, pero no trascenderá. Del mismo modo hay cosas que pertenecen al ámbito del Ser, de la esencia, pero que no han pasado a la existencia. Nosotros, los seres humanos, somos y existimos, pertenecemos a ambos ámbitos, nosotros compartimos existencia y esencia.

La diferencia entre la religión y la religiosidad es que la religiosidad inherente al ser humano siempre está viva y solo puede reconocer y actuar sobre aquello que está vivo. Imaginemos que a alguien con hambre le regalan un libro de cocina con muchas recetas. Se lo puede aprender, pero, según su necesidad, según su hambre, llegará un día que preferirá y pedirá una manzana o un bocadillo en lugar de más libros de cocina. A partir de ahí, la necesidad empieza a identificar, a distinguir, lo que verdaderamente le nutre el espíritu de lo que solo satisface a su mente. Los sufís dicen: «alguien que tiene hambre va hacia donde huele a pan recién hecho».

A partir de la Ilustración, de la Revolución Francesa, del triunfo de la razón, la religión, en este caso la católica, quedó declarada como una superstición y a partir de ahí viene el gran desarrollo científico hasta que hoy, en Occidente, se extiende mayoritariamente la hipótesis de que venimos de un azar biológico ocurrido millones de años atrás, que por evolución, llegamos a esta forma humana con sus propias características, y que prácticamente todo lo que le ocurre es fruto de ese mismo azar hasta que un día mueres y todo termina.

¿Qué ocurre? Que esta forma de pensamiento para personas con cierta inteligencia y sensibilidad es demoledora. Y es demoledora porque trasgrede ese sentimiento interior, esa religiosidad vinculada a lo sublime, a lo eterno. A su vez, el sentido de la religiosidad también se expresa exteriormente. Suele hacerlo de dos maneras: una, como un sentimiento de nobleza con una actitud ante la vida a partir de la percepción de la propia nobleza, la cual es inherente a lo creado; y dos, un sentido de dignidad sobre todo frente a uno mismo, pero también frente a los demás. Ocurre entonces que una persona con esa sensibilidad y esa religiosidad no se conforma con un catálogo de hipótesis o teorías más o menos bien elaboradas: no le valen solo los libros de cocina.

Para ver la diferencia entre religión y trabajo espiritual si miramos en el cristianismo, leemos a santa Teresa de Jesús y decimos: «¡guau! esta mujer se acercó mucho a Dios, estaba muy cerca de Dios». O lo mismo ocurre con san Francisco de Asís o san Juan de la Cruz. ¿Y qué deducimos? ¡está claro! El catolicismo es la Vía, si el catolicismo ha llevado a santa Teresa, a san Juan o a san Francisco tan cerca de Dios, sin duda es el camino correcto. Pero si leemos a Ibn Arabi o a Rumi nos damos cuenta de que alcanzaron una cercanía a Dios enorme, y ¿qué deduzco? Deduzco que, si lo hicieron a través del islam, el islam es la Vía para llegar a Dios, pero el catolicismo también te lleva a Dios… En el hinduismo, leemos a Shankara o a Patanjali y constatamos que han llegado muy alto, muy lejos a través del hinduismo… y lo mismo ocurre con el budismo. Es decir, todos han llegado muy lejos a través de sus propias religiones, y surge la pregunta: ¿qué es lo importante?, ¿creer los dogmas que propone esta u otra religión o la fuerza espiritual inherente a la necesidad, religiosidad y sinceridad de la persona?, ¿una praxis que, con los ingredientes internos mencionados, resulte eficaz en términos de crecimiento espiritual?, ¿la suma a lo anterior de la práctica de la virtud y la siembra del bien frente a uno mismo y los demás?

Ibn Arabi no comería cerdo y Patanjali no comería vaca y santa Teresa no habría tenido relaciones sexuales, pero Al–Ghazali tenía varias esposas y san Juan de la Cruz no tendría problemas para comer vaca y cerdo, unos santificaban el viernes, otros el sábado, otros el domingo. Entornos diferentes, culturas distintas, estructuras sociales diferentes, formas diferentes, pero todos cerca de Dios: lo muestran con el perfume espiritual que nos llega de ellos.

El trabajo espiritual verdadero existe y ha existido siempre, la prueba son todos estos santos y personajes mencionados. Ha habido muchas personas que se han acercado a Dios en distintas épocas, lenguas, religiones y culturas. Y otra pregunta: ¿a Dios le importará que alguien coma cerdo o vaca o no lo coma?, ¿que se vista de un modo u otro?, ¿tiene eso que ver con la religiosidad? ¿A Dios le importa lo que alguien crea o deje de creer sobre lo que pasa después de la muerte?, ¿para acercarse a Dios es importante lo que uno tenga dentro de la cabeza en lo referido a creencias? Si el corazón es puro e inicia una historia de amor con Dios…

Sí parece en cambio que hay que hacer un trabajo; y a lo mejor ese trabajo tiene que ver con la azada de los egipcios, con el amor. Sabemos todos, o al menos podemos deducirlo, que cuando hay amor, ese amor es vía de acceso al Uno, es como el motor que puede dinamizar esa necesidad interior.

Se dice que todo ser humano en algún momento de su vida recibe la que en el sufismo se llama la *talab*, la llamada de Dios, al menos una vez. Y quizá esa llamada tiene que ver con esa necesidad y luego con la propia madurez del individuo respecto a si puede o no dar respuesta a dicha llamada.

Y otra reflexión. Si estudiamos las religiones a lo largo de la historia, vemos que todas tienden a la simplificación. Es decir, Jesús habla de la invalidez del templo: «cuando estéis reunidos dos o más en mi nombre, allí estoy yo». El islam no precisa de sacerdotes que medien entre Dios y los seres humanos. Buda dice que solo has de ponerte a meditar hasta alcanzar la purificación de tu mente. En común, todas las religiones preconizan la imprescindible práctica de la virtud y la siembra del bien.

Y terminamos con las liturgias. En Egipto, por ejemplo, había mucha liturgia, muchos ceremoniales. Las religiones mistéricas grecorromanas eran también muy litúrgicas. De hecho, el cristianismo actual toma la liturgia de la religión romana porque hasta el siglo IV, más o menos, en el cristianismo no había liturgia.

En nuestro entorno católico es más que probable haber ido alguna vez a misa. La misa es una ceremonia. Una ceremonia es la creación de un entorno benéfico, adecuado y propicio para que se efectúe un acto, y ese acto es el rito. El rito es el acto sagrado. En la misa es el momento en el que, por medio del sacerdote, investido con un carisma especial, se produce el misterio de la transubstanciación: donde antes solo había pan y vino, por medio de un acto mistérico sagrado, se transforman en el cuerpo y carne de Cristo, que es lo que incorpora el fiel que participa del rito. Es un instante. Es un momento. Toda la ceremonia se ha preparado para que en un cierto punto se produzca una abertura por donde se transfiere la Gracia que incorpora el fiel. Este acto es el rito. Esto pasaba también en Egipto cuando se hacía el culto diario.

El trabajo espiritual ha existido siempre. Por otro lado, a la par han aparecido también los falsos profetas, o falsas religiones como la actual *new age*. Gracias a Dios, hoy en día se pueden descubrir sus errores y mentiras porque los textos clásicos de la espiritualidad están todos traducidos y podemos compararlos con toda la literatura de discursos vacíos de estas pseudo religiones. Hoy está accesible la verdadera esencia espiritual; ahora podemos leer a Shankara, a Maimónides, a Ibn Arabi, a Meister Eckhart… todo está accesible, están traducidos todos los Evangelios Apócrifos… el Canon Pali está traducido entero, también están traducidos los ciento ocho tomos de las Upanishad, ahora se puede acceder a las fuentes espirituales originales y, como dice un conocido refrán chino, «si comparas un jade con un guijarro, el guijarro pierde».

Es la propia necesidad interior la que agudiza el entendimiento porque lo igual reconoce lo igual, la luz reconoce la luz. Esta es la buena noticia y hay que volver a recordar que el verdadero trabajo espiritual ha existido y existe.

## Qué es un trabajo espiritual II

*«Un trabajo espiritual verdadero está centrado exclusivamente en el hecho, en el arco de la propia vida, de nacer por primera vez en aquello que Es».*

Doménico

Un auténtico trabajo espiritual es aquel que procura un crecimiento en Dios y nos acerca a Él. Ya que nada está apartado de la vida, sabemos que una semilla no da fruto si no crece, y no crece si no es nutrida. Esta es una de las claves de Vía.

A su vez, esa semilla debe encontrar un terreno fértil, pues en caso contrario las malas hierbas la matarán o un terreno pedregoso evitará su crecimiento.

Ese terreno fértil es un corazón limpio y en paz que procura el bien recibiendo así la nutrición que precisa para crecer. Esa nutrición viene de la Gracia y es la Gracia misma. Es la inocencia del corazón la gran receptora de la Gracia.

Saber astrofísica, cábala, química orgánica, historia, filosofía o conocer el sexo de los ángeles no procura ningún crecimiento espiritual. Incluso si uno está predispuesto a identificarse fuertemente con sus creencias o con los contenidos de su mente, estos conocimientos pueden convertirse en malas hierbas que ahoguen el crecimiento real en Dios.

Un ser humano, por el solo hecho de vivir, respirar, comer y estar bajo la luz de sol, la luna o las estrellas, recibe la nutrición divina de modo vegetativo y el amor que tengas y te tengan hace el resto. Es una forma natural de crecer en Dios a través de la cercanía a Él que procura la siembra del bien.

Es por esto por lo que las doctrinas e ideologías carecen de importancia frente a la acción del bien frente a uno mismo y frente al prójimo. Alguien que tenga creencias simples y mal elaboradas pero que practique el bien, crecerá en Dios. Alguien que se haya esforzado en explorar y encontrar todos los saberes y tenga sólidas creencias magníficamente elaboradas, si tiene el corazón duro y no siembra el bien, no crecerá. Es por eso por lo que ni en Jesús o en Buda, por poner unos ejemplos, se encuentran grandes discursos doctrinales. Dichos discursos fueron elaborados por los que después construyeron en torno a sus enseñanzas sus respectivas religiones, religiones en las que, como demuestra la historia, muchas veces se priman las creencias sobre la acción del bien. Sin embargo, las creencias no llevan a ninguna parte, especialmente cuando se separan de la acción del bien; en cambio, la siembra del bien siempre acerca a Dios.

Al margen de ese crecimiento vegetativo natural que lleva aparejada la siembra del bien por una persona en su entorno vital junto al suave y sutil beneficio nutricional del amor, algunos individuos, en función de su necesidad de Dios, inician un trabajo espiritual. La diferencia es que, en un trabajo espiritual, inscrito en el marco de lo real y viviente, el crecimiento es más directo, preciso y rápido, si bien necesita de algunos requerimientos, además de la necesidad ya mencionada, como la sinceridad, la ligereza, la intención, el abandono, disciplina en el trabajo, cierto coraje… En un trabajo espiritual real están presentes la metodología y la garantía de una nutrición adecuada y ajustada al proceso de crecimiento, pero la tierra donde germina y crece la semilla espiritual, es decir, el corazón de cada uno debe ser cuidado individualmente asegurándose de disponer de una tierra fértil y ligera que absorba la nutrición espiritual. Para ello, no debe estar ocupado y preso de las ataduras del mundo. Y la prueba es el resultado. Si se dan las condiciones de tierra fértil y de nutrición y el tiempo necesario, habrá crecimiento. Creencias, doctrinas, filosofías y saberes son útiles para muchas cosas, pero para el crecimiento espiritual no son necesarias. Es por eso por lo que un verdadero trabajo espiritual no solicita de nadie que tenga unas u otras creencias, siempre que estas no sean dañinas, solo pide un corazón limpio y fértil en donde la semilla divina pueda arraigar y crecer una vez que llegue la necesidad de Dios.

## La búsqueda del bienestar

Sin embargo, no hay que confundir la necesidad espiritual con la legítima aspiración al bienestar físico, emocional y mental. Diciéndolo de modo sencillo, en el ser humano habita aquello que trasciende y pertenece a la eternidad y a lo Real, y también aquello que pertenece al mundo, tiene su origen en el mundo, es consecuencia del mundo y por tanto no pertenece a lo Real y no trasciende.

Y si hay algo que pertenece al mundo es el ego, tal y como lo llama la psicología, o el *nafs,* como lo designa el sufismo. El ego pertenece al mundo, su origen está en el mundo y es consecuencia del mundo. Y, es necesario repetirlo, no trasciende.

El ego pertenece a la ilusión, el *maya* del hinduismo, y a la muerte desaparece disolviéndose más o menos lentamente: es producto del mundo y desaparecerá con él. Junto al ego desaparecerán sus grandes asociados: sus creencias, sus memorias y sus emociones. Solo en los individuos en los que la densidad del mundo ha penetrado con fuerza, incluso después de la muerte, el ego se arraiga en ellos y su disolución y la de sus asociados es más lenta y penosa.

En todo trabajo espiritual y toda Vía real se contempla la dilución del ego, su lenta disolución hasta que es absorbido por el Ser una vez que este ha elaborado su fruto mediante la sublimación de su individualidad. Por decirlo de algún modo, a Dios le gusta el Ser, pero no le interesa el ego.

Sin embargo, el ego es un instrumento imprescindible para vivir en el mundo, principalmente por su vínculo con la mente y su identificación con el cuerpo. Otra cuestión es saber si ese ego controla la vida del individuo o se pone al servicio del Ser.

La tendencia actual respecto al desarrollo humano es la del afianzamiento de la individualidad y del ego a través del cultivo de ciertos valores de la personalidad. Esto nace como respuesta a la vorágine sin sentido de la vida contemporánea que, literalmente, es una fuerza de demolición que destroza la autoestima y, a la vez, genera fuertes ataduras al mundo obstaculizando la aparición de las condiciones indispensables para una correcta espiritualidad. Pero siendo ese afianzamiento de la personalidad una respuesta compensatoria, su eficacia es solo momentánea.

Hoy asistimos a una época en la hay una ingente cantidad de herramientas socio-psicológicas y prácticas dirigidas al ego. Queda preguntarse si existe una relación clara entre lo que muchas personas buscan y lo que estas prácticas ofrecen. Son muchas las personas que sucesivamente se apuntan a diferentes métodos de autoayuda o terapias, pero si se les pregunta, al final, queda en muchas de ellas un poso de insatisfacción. Una insatisfacción producida debido a que no hay correspondencia entre lo buscado y lo encontrado, especialmente si la demanda interior es espiritual: con las herramientas del ego no se va más allá del ego, todo queda en un circuito cerrado. Un trabajo espiritual demanda herramientas espirituales. Por eso es fundamental preguntarse correctamente ¿qué quiero? El mismo término de terapia es aclaratorio y ayuda a encontrar respuestas.

Si alguien está mal físicamente va al médico a que le cure, si está mal psicológicamente va al psicólogo a que le ayude. Es lo lógico y natural: esa es la función de un terapeuta. Pero si la demanda interior pertenece a «lo eterno», ni un médico ni un terapeuta podrán ser eficaces porque ellos solo pueden actuar en el ámbito de lo que les corresponde y, si son profesionales competentes, su labor siempre será positiva en su campo de acción.

Aquí encontramos un factor muy importante que hoy ha llevado a error a muchas personas. Un terapeuta es alguien que trabaja con el ego y con la mente y que puede hacer que la vida de su paciente sea mejor y que alcance un mayor bienestar, pero eso no tiene nada que ver con un trabajo espiritual. Sin embargo, un trabajo espiritual se hace con aquello que trasciende, que pertenece a lo eterno. Su lenguaje y su acción son distintos.

Además, es común que los llamados buscadores no adscritos a ninguna de las religiones tradicionales, o renegados de ellas, se apliquen en pretendidas prácticas pseudo espirituales que, por lo general, obvian y olvidan algo fundamental: Dios.

Es curioso que incluso el lenguaje trata de evitar este término que es sustituido por otros muchos: «principio universal», «el todo», «conciencia cósmica», «la fuente», etc. Es claro que dios es solo una palabra más (en nuestro idioma viene del latín *deus* que, a su vez, es una corrupción del nombre griego que designaba a la principal deidad del Olimpo, Zeus) y que en Occidente está indisolublemente identificada con el cristianismo y todas las connotaciones que ello acarrea, pero también es evidente que dicha identificación es fácilmente asumible y superable para cualquier persona madura que sin dificultad sabrá separar a Dios de las ataduras dogmáticas y doctrinales de tal o cual credo.

Como ya dijo san Anselmo «a Dios no se le puede pensar», sin embargo, antes de que surja Dios/experiencia a veces es necesario el preámbulo de Dios/idea, entendiendo bien que esta etapa es solo un tránsito al que no hay que aferrarse. Como toda creencia o teoría filosófica, también las ideas respecto a Dios deben ser provisionales.

En el sufismo se dice que la necesidad es lo que mueve a la «gente de la Vía»: la necesidad de Dios. Pero no todo el mundo tiene esa necesidad, ese anhelo de eternidad, cada persona tiene sus propios procesos y tiempos. Sin embargo, al estar insertos en el mundo de las formas y bajo las leyes de lo orgánico, todos aspiramos al bienestar, un bienestar físico, psicológico y vital.

Y la conquista del bienestar es algo tan legítimo como necesario. Un bienestar suficiente como para que, a partir de él, los que tienen esa necesidad puedan más fácilmente iniciar la Vía.

Para ese bienestar, según las tradiciones clásicas, se aspira a:

- Un cuerpo en suficientes condiciones de salud para alcanzar el mayor y mejor fruto de la vida.
- Un corazón en paz y ligero de cargas en el que no pese ni la culpa o falte la ternura hacia uno mismo.
- Una mente clara y en calma que no cause sufrimiento.
- Buenas personas alrededor a las que amar y que te amen.

El logro suficiente de estos cuatro requisitos configura el entorno idóneo para que nazca y fructifique el trabajo espiritual. Y la propia consecución de estos cuatro requisitos representa ya un trabajo colosal en paralelo al recorrido de la Vía. Sin embargo, para algunas, independientemente del grado de logro de esos cuatro requisitos, el anhelo de lo eterno está también siempre presente en sus vidas, por lo que la conquista del bienestar solo será una etapa; su aspiración, solo con ello, no queda satisfecha. Para ellos es el trabajo espiritual.

Por eso es importante siempre preguntarse de modo sincero y profundo «¿qué quiero?»: ¿la legítima y necesaria conquista del bienestar? o ¿habita en mi un anhelo, una necesidad espiritual a la que tengo que dar respuesta?

La respuesta sincera a esta demanda puede cambiar una vida.

## La Vía iniciática

*«En cuanto a la iniciación no se trata de que te digan "ahora serás iniciado en esto o aquello". Para establecer el verdadero significado de la palabra iniciación hay que decir que se trata de una transmisión de poder efectivo, espiritual, mental y físico».*

Doménico

Para abordar este concepto debemos empezar con las dos palabras que lo componen. «Iniciática» se refiere a algo que comienza, que se inicia, alude a un principio, y «Vía» es un camino, es decir: un camino que comienza.

Pero, ¿camino a dónde?, la respuesta es la de un camino que te acerca a Dios, que conduce al encuentro de la criatura con el Creador, a la vez, es un camino de transformación

Muchas religiones se han referido a un exilio, a una separación, a un olvido del ser humano respecto a Dios. Hay que recordar que la palabra «religión» viene del latín *religio,* «reunir», o que la palabra «yoga» significa unión, o que el *dhikr* de los sufíes lleva al recuerdo de ese olvido.

Lo primero que se debe entender es que la Vía no es un camino simbólico, ni abstracto, ni intelectual, es un camino vivo y experimental. No tiene que ver tampoco ni con el mundo de las ideas o el de las creencias. De hecho, para recorrer la Vía, son indiferentes unas u otras ideas o creencias; solo vale aquello sobre y con lo que se trabaja: el corazón. Esta condición y su entendimiento resulta básico a la hora de recorrer la Vía, dado que esta no se basa en doctrinas, creencias ni opiniones siempre de condición contingente. En cambio, si lo que habita en la mente carece de valor en términos de creencias, es fundamental para el recorrido en la Vía lo que habita en el corazón. Y una Vía iniciática no es tal si no corresponde a un trabajo espiritual verdadero. Un trabajo espiritual es una Vía iniciática; una pretendida Vía iniciática sin un trabajo espiritual no es nada.

La primera característica es que no es un camino hacia afuera, es un camino hacia adentro. Lo de fuera es el espejo, es el reflejo. Es hacia el interior, hacia el corazón, entendido como corazón espiritual, donde hay que ir. Es ahí donde Dios está y, sobre todo, es.

Las sucesivas etapas, a veces mostradas alegóricamente como pruebas y obstáculos a superar, son las sucesivas capas y mundos internos que hay que recorrer. Es por ello, dado que el ser humano está constituido y construido con los mismos materiales y a partir de las mismas leyes, que es un viaje reconocible y en ese recorrido están presentes las mismas etapas, solo modificadas por las singulares características personales de quien las recorre y, de este modo, es así como queda individualizada. Al ser un camino y al comenzar a recorrerlo, de modo natural se ponen en acción contextos y entornos diferentes que, a su vez, también se van modificando a lo largo del viaje, procurando la mejor adaptabilidad a las sucesivas etapas.

En el recorrido, en la Vía, hay cosas que hay que dejar en el camino, pues no le sirven ni al caminante ni a Dios; al contrario, pesan y sobran y nadie puede acercarse a Dios con ellas. Valgan entre otros los ejemplos de un ego denso atrapado en la red del mundo; creencias que funcionan como cadenas o venenos; mal uso de la palabra; lastres como la soberbia o envidia, etc. Por su parte, hay otras que hay que adquirir o desarrollar, son las cosas que nos ayudan al encuentro con Dios: lo igual reconoce lo igual. Estas adquisiciones se convierten a su vez en herramientas útiles para avanzar en la Vía. Valgan entre otros los ejemplos de la adquisición de la generosidad, de la adaptabilidad, de la constancia, de la flexibilidad de mente, de adoptar una mirada inocente y sencilla, de la tolerancia, de la sinceridad, de estar en paz consigo y con el mundo, etc.

El fruto de la Vía es el crecimiento en Dios. Es ese crecimiento el que procura el acercamiento: la posibilidad de unión en el Uno. A su vez, ese crecimiento produce frutos que en sucesivos y diferentes estados avanzados se muestran, por ejemplo, como adquisición del estado de paz, del estado de la mente en «no–sé» y por tanto susceptible de poder acceder al conocimiento, de un corazón instalado en el no–juicio…

Para ese camino, la Vía, se necesita un guía, alguien que haya alcanzado la condición y estado de la maestría, un maestro, o bien integrarse en una vía maestra que enganche a quien pone el pie en ella con la llamada «cadena iniciática» y que le permita usufructuar de aquello que procura el pertenecer a dicha cadena, especialmente de la Gracia nutricia y de la buena guía. Al ser una Vía viva solo quien la ha recorrido la conoce. Toda referencia externa con pretendidos accesos especulativos o meramente intelectuales, no solo no es útil, sino que representa uno de esos obstáculos que hay que superar. Pero si hablamos de Gracia y nutrición es imprescindible recurrir al misterio cristiano de la eucaristía.

## Cuerpo de Cristo

Desde el Medievo, concretamente desde 1264, la iglesia instauró la fiesta del Corpus para celebrar el sacramento de la eucaristía o, más concretamente, su misterio.

Como es bien sabido, en el cristianismo se conservan claves de conocimiento de mucha trascendencia en términos de crecimiento espiritual y, sin duda, la eucaristía es uno de los principales.

Según establece la doctrina cristiana, este sacramento lo instaura Jesús el Jueves Santo en la Última Cena cuando da a sus discípulos pan y vino acompañando este acto con las palabras «este es mi cuerpo, esta es mi sangre». Por así decirlo, este es el inicio de un proceso que continua con todos los acontecimientos que conocemos de la Semana Santa: prendimiento, pasión, muerte y resurrección. Sigue con Pentecostés, o sea, la llegada del Espíritu Santo con sus dones cincuenta días después de Pascua. Diez días después, o sea, sesenta días a partir del domingo de Pascua, se celebra el Corpus, aunque, en medio de ambas celebraciones tenemos el domingo de la Santísima Trinidad.

Este es uno de los dos grandes ciclos temporales dentro del calendario litúrgico cristiano que siguen uno al otro:

- **El del nacimiento,** que empieza con la preparación de Adviento, la Natividad y sus distintos episodios (especialmente la «matanza» de Herodes) que culminan con la Epifanía y la bella metáfora de los Reyes Magos. Es el *alfa*.
- **El de la muerte que comienza con Cuaresma,** sigue con Semana Santa y culmina con Pentecostés. Es el *omega*.

En ambos casos hay una preparación previa: Adviento y Cuaresma; unos episodios específicos que relatan un proceso: Natividad y Semana Santa; un resultado o fruto: Epifanía y Pentecostés. La culminación de ambos procesos queda mostrada en el Corpus. A su vez, todo el proceso sigue un calendario preciso. Las fechas de estos ciclos cambian pues si bien la de Navidad es fija, la de Semana Santa es variable, ya que obedece al calendario lunar. El Domingo de Resurrección se fija el primer domingo después de la primera luna llena de primavera.

- **Adviento,** de *adventus* (venida). Este periodo dura entre veintidós y veintiocho días, pues requiere que se incluyan los cuatro domingos previos a Navidad. En las iglesias ortodoxas, este período dura cuarenta días que van desde el 28 de noviembre hasta el 6 de enero.
- **Navidad.** Desde el 25 de diciembre (Navidad) al 6 de enero (Epifanía). Entre la Epifanía y la Cuaresma se sitúa Carnaval que representa la primera forma de purificación.
- **Cuaresma.** Este es un ciclo de cuarenta días previo a Semana Santa. Comienza el Miércoles de Ceniza y concluye el Jueves Santo, día de la institución de la eucaristía. En la actualidad a veces son más de cuarenta días, pero en la antigüedad se conservaba exacto este periodo de cuarenta días. Es también una etapa de purificación.
- **Semana Santa.** Desde Viernes Santo a Domingo de Resurrección o domingo de Pascua. Actualmente la Semana Santa contempla la semana entera que comienza el Domingo de Ramos y termina el Domingo de Resurrección o Pascua. Pero, en términos mistéricos muestra exclusivamente tres días: viernes (muerte); sábado (tumba, silencio, reposo); domingo (resurrección).
- **Pentecostés.** Este día se celebra la llegada del Espíritu Santo cincuenta días después de la muerte y resurrección del Hijo. Aquí culmina el tiempo de Pascua. En las iglesias ortodoxas se celebra a la vez este mismo día la hipóstasis referente a la

Santísima Trinidad. En el catolicismo se celebra el domingo siguiente.

- **Corpus Christi.** Se celebra diez días después de Pentecostés.

Como vemos, estos dos procesos vienen a significar, más menos, la mitad del año, desde finales de noviembre, Adviento, hasta mediados de junio. En realidad, muestra el tiempo de lo sagrado que lo diferencia de lo profano. En otras culturas este inicio de lo sacro empezaba el solsticio de invierno y el de verano el inicio de lo profano; esto quedó reflejado en las celebraciones de Navidad y las de San Juan. Hay que entender como profano el tiempo de maduración de la naturaleza humana que ha de prepararse adecuadamente a la venida o Adviento.

Y volvemos a la eucaristía, al Corpus. Es curioso que el final de un ciclo metafísico termine con el cuerpo y la sangre. Sin embargo, es coherente, ya que la venida muestra el otro gran misterio cristiano: la Encarnación. Desde esta perspectiva de encarnación en carne y sangre, es coherente que la resurrección que anuncia el cristianismo sea también del cuerpo de carne y sangre.

Por así decirlo, en Adviento se muestra esa venida (naturalmente se refiere a cuando lo divino encuentra la forma pura en la que convertirse en carne) y en el Corpus, en la eucaristía, se muestra el modo en que eso se produce: a través de la ingesta de la sustancia divina, la Gracia, representada en las dos formas de pan y vino que, en el Juicio Final y la Resurrección, asegurará al fiel quedar en el lugar de los justos.

Dentro de las más importantes aportaciones del cristianismo (emanado directamente de Jesús) es que sin esa nutrición espiritual no se produce la encarnación de la divinidad que, en el encuentro de un sustrato puro (la Virgen) pueda producir el segundo nacimiento en lo Real y asegurar esa resurrección que representa vencer a la muerte.

Sin embargo, la verdadera pregunta reside en el cómo se produce esa transubstanciación, es decir, cómo se produce el milagro de que unos alimentos (elementos) comunes se transformen en divinos y transmisores de Gracia y, a la vez, susceptibles de ser incorporados en el ser humano; cómo antes se produce el paso de un estado espiritual a un estado de materia; qué condiciones se precisan para ese paso; qué cualidades ha de tener esa materia para absorber esa sustancia y ser transformada; cómo esa sustancia por medio de su inteligencia específica busca la forma, una forma que es, a su vez, expresión de su función, y cómo se incorpora, se integra y se metaboliza en el ser humano para procurar su crecimiento espiritual verdadero. Pero para entender todo esto, primero ha de aparecer el maestro y ser reconocido por el que será discípulo.

## El maestro

*«La función esencial del maestro es enseñar el amor del Ser Único a los hombres y mujeres que guía».*
*«El maestro no quiere dirigir la vida personal de su discípulo y todavía menos su elección de vida. Porque la libertad del discípulo es el ingrediente básico de su camino».*
Doménico

Un maestro es alguien que ha llegado a una determinada estación espiritual, la de la maestría. Acceder a dicha estación espiritual (estas estaciones en el sufismo se llaman *maqamat*) implica un estado interior que lleva aparejado un nivel de *baraka,* o energía espiritual, asociado a su vez a un nivel de conocimiento. Solo un maestro puede llevar a cabo la tarea de guía espiritual, la cual consiste en conducir a los discípulos en total libertad por la Vía hasta llevarlos a estar bajo la mirada de Dios. Solo alguien que ha recorrido la Vía puede hacerlo. Otra tarea es enganchar al discípulo en la *silsila,* término sufí que designa la «cadena de la Tradición» de la que cada maestro junto a los discípulos que guía, es decir, los que están bajo su manto espiritual, forman parte. Para su tránsito en la Vía, el maestro dará a los discípulos unas herramientas ejecutivas. La maestría es pues una función de servicio, un servicio imprescindible para el discípulo.

En la Vía, un maestro no es ni un consultor ni un terapeuta. Cuenta con la madurez y libertad del discípulo como valores, por lo que no se inmiscuirá en su vida diaria, cuya gestión será libre y privada. El vínculo que posteriormente aparecerá entre ambos en total respeto mutuo será el de la amistad.

Todo ser humano dispone de un corazón y, por tanto, tiene por nacimiento acceso a recorrer el camino de retorno a Dios. Sin embargo, en términos más cotidianos, se comienza por reconocer en uno mismo la propia necesidad de Dios y, a través de ella, se empieza a distinguir aquello que pertenece a la Vía de lo que pertenece a la ideación o a las teorías. Nuevamente, solo lo igual reconoce lo igual, siendo muy importante entender que solo el mundo de las ideas y teorías no lleva muy lejos.

La Vía ha estado y está viva y operativa. Recorrerla sigue siendo tan tremendamente sencillo como verdaderamente difícil: tan sencillo para el corazón, tan difícil para aquella parte nuestra atrapada por el mundo. Sin embargo, son imprescindibles dos cosas: un maestro y la Gracia, entendida esta última como la sustancia espiritual que cuando es incorporada por el que la recorre, lo nutre, lo purifica y lo santifica.

A su vez, y hablaremos de ello más adelante, la Vía procura la posibilidad de un trabajo interior que, de modo alquímico, permitirá la **construcción del cuerpo de luz.**

Queda añadir que toda Vía auténtica está inserta en la Tradición. Dijo el maestro Doménico: «De la Tradición han nacido, cuando ha sido útil, las religiones, las diversas confesiones, etc., porque eran necesarias para el género humano».[1]

## Evolución e iniciación

Toda inteligencia que se expresa en una función en lo orgánico incorpora el principio de evolución. A esa inteligencia los egipcios la llamaron Kephri, la representaron con un escarabajo y le dieron el nombre de «aquel que es capaz de llegar a ser». Por decirlo de algún modo, la evolución es la fuerza inteligente inserta en la naturaleza que va elevando la creación hacia Dios por medio de la realización de su función. La misma inserción en la vida, el hecho inevitable de vivir, lleva en sí misma incorporada el principio evolutivo.

Sin embargo, esta evolución, que es natural y vegetativa, es lenta, ya que es deudora de las servidumbres y limitaciones de lo orgánico. Aquello que se ha llamado «iniciación» es, sobre todo, una aceleración del proceso evolutivo en donde intervienen la conciencia y la potencia de la intención ejercidas desde la libertad. Y se basa en el principio de nutrición y en el conocimiento de la estructura real del ser humano. Todo empieza con el reconocimiento de lo orgánico como puerta de acceso a lo que trasciende, es decir: el cuerpo como templo. Solo así se produce la transferencia y el enganche. La trasferencia del maestro al discípulo de lo que se puede definir como un «código» que activa su natural estructura espiritual y procura el enganche a la cadena de la Tradición. Eso lo hace el maestro por medio de su *baraka* que es propia de la estación espiritual en la que se encuentra. Esta transferencia no es ni simbólica ni meramente formal; nadie puede dar lo que no tiene, solo quien lo tiene puede darlo.

---

1.  Sobre las enseñanzas del Maestro Doménico ver mi libro *Enseñanzas de la Tradición Original.*

Si el cuerpo físico se nutre de comida, si el cuerpo vital se nutre de energía vital, o *prana,* si el cuerpo mental se nutre de la percepción y experiencia sensorial y de la ideación, si nuestra luz se nutre de luz, el cuerpo espiritual se nutre de Gracia, la cual ha de ser incorporada y metabolizada.

En condiciones normales, la nutrición lumínica y sobre todo su metabolización y uso para funciones superiores es muy baja en un ser humano. Las estructuras de absorción y metabolización de la luz con sus respectivos circuitos y características anatómicas propias, están presentes en todo ser humano. Sin embargo, o están en estado letárgico u operan en un nivel prácticamente imperceptible, haciéndolo de un modo vegetativo y lento. Dado que la verdadera iniciación es una transferencia, es evidente que quien no tiene, nada puede dar; al igual que tampoco un dormido puede despertar a otro dormido. Desde siempre esa ha sido la labor de los maestros y su linaje y del trabajo de las escuelas iniciáticas verdaderas: garantizar esa nutrición y tutelar su correcto proceso y desarrollo en el marco de la Tradición.

Respecto a esta Tradición, el maestro Doménico dijo: «La Tradición es una cadena de transmisión de poder conferido por Dios para la realización de su intención sobre la Tierra».

Un sencillo acto, verdaderamente iniciático, tiene como fin el permitir que, poco a poco, se vayan activando los órganos[2] receptivos y metabolizadores de la Gracia, para así procurar una mayor nutrición y metabolización de la luz. Aunque, por decirlo de algún modo, Gracia y luz emanan de la misma Fuente. Esta nutrición es la que verdaderamente hace crecer a un ser humano y acelerar su desarrollo. Y esa sustancia nutricia necesita un receptáculo: un grial.

---

2. Esos órganos no tienen nada que ver con los famosos *chakras.* Este polémico tema está tratado más adelante. A estos órganos, los sufíes los denominan *lataif.*

# El grial

Hay algunos datos de interés sobre el grial de la catedral de Valencia que hacen que pueda considerarse verosímil, si bien nunca demostrable de modo definitivo que este cáliz pudo ser el utilizado por Jesús de Nazaret en la Última Cena. La pieza de arriba (el resto son añadidos posteriores) es de ágata sardónice que procede de zonas vecinas a Palestina, posiblemente de Siria, y los arqueólogos afirman que es una pieza tallada entre el siglo IV a.d. C. y el siglo I de nuestra era y que es propia de un taller oriental. También se sabe que a los recipientes de estas características se les llamaban comúnmente la «copa de bendición» y los usaban los judíos en la cena de Pascua. A este dato se añade que hay textos, como el *Canon Romano de la Misa,* que dicen que los primeros papas utilizaban para celebrar la eucaristía el cáliz de la Última Cena que había llegado hasta ellos y este Canon nombra a este cáliz como … *et hunc praeclarum calicem,* cuya traducción dice «este mismo cáliz preclaro».

La historia nos habla de la gran persecución del emperador Valeriano contra los cristianos siendo papa Sixto II y su diácono san Lorenzo (siglo III). A partir de este hecho histórico, aparece la leyenda que cuenta como san Lorenzo mandó a alguien a esconder en lugar seguro las reliquias que había recibido del Papa. De este modo, el cáliz llegó a la familia del santo en Huesca y, con el tiempo, esta reliquia hizo un recorrido por diferentes lugares de la Jacetania aragonesa hasta que se guardó en el monasterio de San Juan de la Peña. Esta entrega del grial por parte del papa Sixto II a san Lorenzo para que este lo ocultase, está representada en un capitel de la catedral de Jaca. Es en el siglo XI cuando se le añaden la base, las asas, las perlas y las piedras preciosas. En 1399, el cáliz, ya llamado «el Santo Cáliz», pasa a pertenecer a la Corona de Aragón y el rey Alfonso el Magnánimo se lo lleva a su palacio de Valencia para después donarlo a la catedral en donde se conserva hasta hoy.

Descubierta en 1960, este cáliz tiene una inscripción en la base en caligrafía cúfica árabe que se supone del siglo XII atribuida a un judío converso de Huesca y que dice *Li Lzahira,* que se traduce como «La (copa) resplandeciente». Se sabe que este judío llamado Pedro Alfonso de Huesca estuvo vinculado a la Corte de Aragón y muy posiblemente tuvo acceso al cáliz en San Juan de la Peña, según sostienen diversos historiadores.

En cuanto al término «grial», es curiosa su similitud fonética con el nombre del arcángel Gabriel, «la fuerza de Dios», cuya función principal es la de mensajero divino. Recordemos su mensaje a María, el dictado de la Revelación del Corán al Profeta o el anuncio a Abraham del nacimiento de Isaac. La pronunciación de este nombre en hebreo y en árabe, «Jibrail», es muy similar. Desde este marco simbólico el grial sería el mensaje y testimonio de la Nueva Alianza establecida por Cristo entre Dios y la humanidad. Si la anterior alianza era representada por el maná que contenía el Arca (el pan, el cuerpo), ahora lo es el vino que contiene el Cáliz (la sangre), que ahora es vehículo de la nueva sustancia crística. Por eso, la eucaristía se celebra tanto con el pan de la antigua alianza como con el vino de la nueva.

Es a finales del siglo XII cuando el mito del grial llega a la literatura y, con ella, al ideario popular. Alcanza gran difusión la novela del británico Robert de Boron en donde narra que el propio Jesús le entrega el grial a José de Arimatea para que lo lleve a Britania y es allí donde este mito se mezcla con la literatura de las leyendas artúricas. Por su parte, es el poeta francés Chrétien de Troyes, llamado el padre de la novela occidental, también en el siglo XII, el que utiliza por primera vez el mito griálico para escribir su novela *Perceval o el cuento del Grial* (texto inacabado) o *Lancelot, el Caballero de la Carreta,* obras en las que incorpora al mito griálico el pujante ideal caballeresco. Luego es Wólfram Von Eschenbach (siglo XIII) con su largo poema *Parsifal* el que da un nuevo giro literario al mito e introduce elementos nuevos como el del rey Anfortas y el castillo de Munsalvaesche. De este modo, la rica y evocadora creación literaria de estos autores penetra de un modo más potente en el ideario popular que el discreto relato del grial de san Lorenzo que se encontraba en San Juan de la Peña, un lugar remoto y perdido entre montañas.

Sin embargo, la tradición cristiana sí utiliza el símbolo del cáliz para hablarnos del trabajo espiritual en una bellísima metáfora referida al corazón:

**Primera fase:** Encontrarlo. Es decir, entender que no se refiere a ningún tesoro material ajeno ni oculto ni lejano, sino al propio corazón. Ese descubrimiento permite que el fuego del alma y la luz de la consciencia participen en la obra.

**Segunda fase.** Vaciarlo. Quitar todo aquello que impida que la Gracia lo llene. Es un proceso de aligeramiento, de quitar del corazón todo aquello que, por naturaleza, no le pertenece y le pesa.

**Tercera fase.** Limpiarlo. Una vez vacío, es preciso limpiarlo y purificarlo para que pueda recibir la Gracia, que solo llega en la pureza de la inocencia. La clave es la generosidad, la dulzura y el servicio frente a los demás y frente a uno mismo.

**Cuarta fase.** Alinearlo con la Fuente. La práctica de la virtud y la siembra del bien son las que permiten ese alineamiento que se logra en el equilibrio del punto medio entre lo que es del mundo y lo que es de Dios. Se ponen en valor el honor como ser humano y la nobleza como ser trascendente.

**Quinta fase.** Llenarlo lentamente. Es un proceso en el que, gota a gota, se aúnan a lo anteriormente mencionado, la humildad, la indiferencia a los honores del mundo y la paciencia.

Más tarde, vendrá el momento en el que el vaso desborde y su contenido, la sustancia dorada, se derrame y llegue lentamente a todo aquello que forma la verdadera estructura del ser humano y sea el componente y materia prima principal del cuerpo de luz. Un cuerpo de luz que vivirá el segundo nacimiento.

## La Gracia

*«Ni encontrar a un maestro verdadero ni encontrar la Gracia es un privilegio, se acerca más a la naturaleza del deber».*

Doménico

Este concepto asociado con el de la nutrición es clave para entender correctamente el tránsito por la Vía y su consecuente crecimiento en ella. No hay crecimiento espiritual si no hay nutrición espiritual. Al igual que hay un alimento para el cuerpo, la mente o las emociones que nutre estas respectivas áreas, también existe el alimento espiritual, que es el que nutre a quien recorre la Vía. Esto se debe a que una Vía Maestra está enganchada a la Tradición Espiritual Perenne. Esta pertenencia a la cadena de la Tradición lleva implícita, de modo natural, la posibilidad del contacto y acceso a esa nutrición que, en términos cristianos, se ha llamado «Gracia». Es por ese motivo que sistemas, órdenes o grupos que trabajen solo de modo simbólico, filosófico o especulativo en el mundo de las ideas, pueden obtener un crecimiento y desarrollo horizontal en términos de erudición o de beneficios psicológicos, pero no un crecimiento espiritual. Lo mismo ocurre con sistemas terapéuticos o ritualísticos que, si son eficaces, aportarán un benéfico crecimiento bien intelectivo, emocional o mental, pero no espiritual.

Son muchas las alegorías respecto a esta nutrición que están presentes en varías religiones, si bien destaca en el cristianismo la misa y, asimismo, este concepto está muy presentes en la religión del Antiguo Egipto y en las religiones mistéricas.

Por otro lado, un verdadero maestro, impregnado de ella, también es capaz de transmitir esa Gracia de modo cotidiano de manera tan sutil como natural. Hay que añadir que la Gracia, siempre proveniente de Dios, su acción y sus efectos, muchas veces quedan al margen de lo perceptible sensorialmente.

## El ritual

En la actualidad, las ceremonias iniciáticas que se recrean en muchas órdenes provenientes de un pasado, si bien provistas de carga emocional y afectiva, y añadiendo el impacto propio de posibles escenarios y liturgias solemnes, carecen de efectividad real en tanto a dicha transferencia de Gracia se refiere.

Muchas veces, al hablar de iniciación vienen a la mente sofisticadas ceremonias y complejos e impactantes ritos. Nada de esto es así en la Vía. Una iniciación real es un acto sutil con poca o nula carga litúrgica y ceremonial en el que lo importante es que se produzca una transmisión. Esa transmisión es un hecho técnico que permite el paso de un estado a otro, de una estación a otra. Del mismo modo, ningún ritual es capaz, por sí mismo, de transmitir ninguna iniciación. Es solo un instrumento que, bien utilizado, puede proporcionar un marco favorable en el proceso de transmisión, pero que por sí mismo carece de valor. Toda iniciación se establece de persona a persona y un ritual es solo el medio. El ceremonial es solo el instrumento.

Igualmente es evidente que quien nada tiene, nada puede dar. La iniciación es una transmisión entre maestro y discípulo. Al ser una transmisión de naturaleza espiritual es evidente que el que la transmite ha de estar en posesión de «algo» valioso en el ámbito espiritual. Si no es así, un ritual de iniciación es solo una ceremonia más menos elaborada y que, en el mejor de los casos, será capaz de generar en la persona que lo recibe un posible impacto emocional o intelectual. En lo que se refiere a una iniciación real en la que haya una transmisión espiritual, justamente por poseer un poder implícito, no se precisa ningún tipo de ritual complejo ni de ninguna teatralización elaborada. Si algo define una iniciación es la sencillez.

Obviamente se entiende como maestro a alguien que ya ha alcanzado esa estación espiritual: la maestría es un estado. Cuanta más alta es la estación espiritual de un maestro, más potente será su transmisión. Dentro de la maestría también hay niveles. Un maestro no significa necesariamente ni que tenga discípulos ni que tenga la función de guía, sino que participa de la Gracia inherente a ese estado espiritual, de igual modo que participa del conocimiento inherente a ese estado. En la transmisión que significa la iniciación tenemos la presencia física del iniciador y del iniciado y, por parte del maestro participan su palabra, su aliento, su mano y su ojo. Cualquier maestro, simplemente por estar vivo, transmite su *baraka* o Gracia, o como queramos llamarla, de modo natural, aunque, ciertamente, la incrementará cuando la situación o la necesidad lo precisen. Asimismo, un maestro verdadero está por definición inserto en la Tradición y en su cadena de transmisión. Un maestro real, inserto en esa cadena, es susceptible de transmitir en la iniciación ese «algo» vinculado a su estación o nivel espiritual a pesar de que su nivel de maestría sea aún bajo, pues cuenta con el soporte y el aval de la Tradición. Así, la potencia de su legado estará relacionada con la potencia de lo recibido y con su propio crecimiento espiritual. A su vez, debe de contar con la autorización para ello por parte de esa cadena de transmisión. Sin la presencia de un maestro vinculado a la Tradición, ninguna iniciación real es posible, ya que la primera iniciación precisamente lo que hace es que el discípulo quede inserto en la Tradición.

Por parte del que la recibe es necesaria, además de su presencia física ante el iniciador (cara a cara, respiración frente a respiración, piel con piel y ojo sobre ojo) que haya alcanzado una madurez espiritual, un nivel suficiente de comprensión, unas dosis de generosidad frente a sí mismo junto a su propia inocencia, además del deseo de recibirla en total libertad y asunción de la responsabilidad y compromiso que lleva aparejada.

La iniciación no provoca un cambio ni súbito ni espectacular en cuanto a posibles asociaciones con lo fenoménico o con «adquisición de poderes». Al contrario, la iniciación pone los pies en el suelo a quien la recibe. El efecto de la iniciación está fuera del alcance de la percepción anclada en la sensorialidad. Si es real, significa el inicio de un proceso; justamente una de las características de ese proceso es que, poco a poco, hace que la fantasía se desvanezca. Para definir este proceso podemos compararlo con plantar una semilla, o mejor, despertarla si está lista para ello y habita en una tierra fértil y madura. Esa semilla deberá ser nutrida y cuidada; así, poco a poco crecerá y dará su fruto. Ese fruto, debido a su delicadeza y vulnerabilidad inicial, deberá de ser protegido y, por tanto, estar alejado tanto del intelecto como de la sensorialidad que, en cambio, intentarán vincularse lo más posible a algo de lo que aún no participan. Esta será una de las dificultades de los primeros estadios de la Vía junto a la mencionada disolución de la fantasía y, en cambio, aparecerá el beneficioso fortalecimiento de otras estructuras necesarias para que el proceso continúe, incluida la aparición de la inteligencia, es decir, esa capacidad asociada a lo viviente capaz de llegar a donde no llega el intelecto. Del mismo modo, Dios solo reconoce lo que le es propio y eso, en el ser humano, es la inocencia, cuyo lugar místico de residencia es el corazón. Así mismo, esa presencia en el corazón tiene una característica o, si se quiere, un don: el de la mencionada inocencia. Por otro lado, el recorrido por la Vía iniciática es una historia de amor: el famoso vínculo de amado y amante.

Y ahora, volviendo al trabajo espiritual, todas las tradiciones sagradas sin excepción nos han hablado de dos prácticas básicas con dos fines distintos: la meditación y la plegaria, sobre las que trataremos más adelante.

Por último, queda añadir que todo verdadero trabajo espiritual procura la adquisición mediante su construcción del cuerpo de luz.

Por ello, el verdadero trabajo espiritual contempla la carne, el cuerpo, un cuerpo que ha de entenderse como templo, es decir, el lugar construido y destinado para ser la casa de Dios. Este cuerpo físico es la referencia y patrón del cuerpo de luz y, por decirlo de algún modo, algunos elementos constitutivos físicos, como la sangre o la linfa, se pueden convertir en materiales para el cuerpo de luz. Esta es la verdadera alquimia.

La función del ser humano es convertir el grano en pan, la uva en vino, la oliva en aceite y la rosa en perfume. Esa es la verdadera y única alquimia que se inicia comprendiendo que él es grano, uva, oliva y rosa.

## El templo

> *«El hombre lleva en sí la estructura del Universo».*
> *«El cuerpo humano representa la síntesis de todo lo que constituye lo creado».*
> Doménico

Son prácticamente todas las religiones las que consideran el cuerpo humano como un templo, entendido el cuerpo de un modo completo, es decir, con todas sus estructuras corpóreas, energéticas y espirituales, y asumiendo que el término templo designa la casa de Dios. Ciertamente, nuestro cuerpo es su casa, Él es el dueño, y lo es porque si atendemos a lo que nos decía la religión egipcia, Dios en la forma de Ra, pone en cada persona que nace una semilla-luz solar en su corazón y tanto contenedor-corazón, como continente-semilla de luz, son suyos: pertenecen a Dios. El corazón sería el lugar sagrado del templo y la chispa solar divina el fuego permanente encendido. Ese fuego divino en el hombre fue después identificado como el alma, también representada como un fuego. Se entiende como corazón la estructura espiritual de la cual el corazón físico es su manifestación y reflejo orgánico.

Cuando nacemos de nuestra madre en lo orgánico, significa que ya disponemos de la extraordinaria adquisición de un templo. Y digo extraordinaria, pues implica una gigantesca posibilidad: la posibilidad de, a través de él y por su medio, conseguir el cuerpo de luz y acceder al segundo nacimiento, del que hablaré más adelante. Esta adquisición del templo al nacer lleva aparejada también el inmenso logro de disponer de la consciencia individualizada de uno mismo, es decir, la posibilidad de saber que «yo soy yo».

Respecto al segundo nacimiento, es el que se asocia como una continuidad de la luz adquirida en la tradicional idea de «muerte iniciática»: muerte de la naturaleza humana y nacimiento de la naturaleza divina. Y la posibilidad de que esa chispa divina se convierta en un cuerpo de luz que permita nacer en la luz.

Por así decirlo, el nacimiento en el mundo lleva aparejado el fruto de una conquista y esa conquista es la de un templo que llamamos cuerpo. El ser humano llega a la existencia (así llamaban los egipcios al acto de nacer) con esas dos grandes adquisiciones: un cuerpo físico y una consciencia individual de sí mismo. A esto hay que añadir el principio evolutivo presente en lo creado antes mencionado.

Sin embargo, todo esto no implica que el templo que es cada uno necesariamente lo habite Dios, significa que nuestro cuerpo como templo le pertenece y que es susceptible de que Dios lo habite.

En realidad, esa es la función del templo: primero albergar una conciencia individualizada para después prepararlo para que sea la casa de Dios.

Pero Dios no vendrá si antes no se le invita teniendo su estancia lista y en orden para recibirlo. La primera estancia, la recepción y puerta a las demás, será el corazón. La posibilidad de que Dios habite en nosotros comienza con la comprensión de que el corazón, entendido como órgano espiritual, le pertenece.

Sin embargo, antes de que eso ocurra, esa casa está habitada por un impostor que no es su verdadero dueño y que la toma en la medida en la que se le da acceso. Dijo Ramana Maharsi: «La entidad personal, la cual identifica la existencia con el cuerpo físico y se llama a sí misma "yo", es el ego».

Es este yo, el yo que identificamos con el cuerpo físico, con nuestra biografía y con la actividad y contenidos de nuestra mente, es el que toma para sí ese cuerpo–templo. Una identificación con el cuerpo físico que parte de la sensorialidad: «yo veo», «yo oigo», «yo siento» …; identificación con la biografía que parte de la memoria: «me pasó aquello», «hice eso otro», etc.; y una identificación con la mente a partir de sus contenidos: «yo creo», «yo opino», «yo sé»…

Es por eso por lo que cuando hablamos de nosotros a los demás hacemos referencia a lo que hemos hecho o hacemos (biografía), a lo que percibimos y sentimos (sensorialidad) o a lo que pensamos (contenidos de la mente), etc…, es decir, nos referimos respecto a nosotros mismos con todo aquello que es periférico y contingente. Pero si nos quitamos las vestiduras o capas de la memoria biográfica; si nos dejamos de seducir y atrapar por las vestiduras o capas de la sensorialidad; si nos libramos de las vestiduras o capas de los contenidos de la mente, ¿qué queda?, eso que queda, es.

Por así decirlo, el haber conquistado un cuerpo y una consciencia individualizada, se convierten a su vez en los principales e inevitables obstáculos frente a lo divino, pues son los medios de acceso a la vida. Y así se forma un yo dominante nacido y sustentado por las identificaciones mencionadas. Es por esto por lo que muchas veces ese yo se hace el amo y encadena aquello que pertenece al Ser. Esta idea está muy presente en el sufismo cuando afirma que la *nafs,* o ego, tiene limitado en una prisión al ser espiritual.

De este modo, la relación con el mundo se establece a través del cuerpo (imagen propia y sensorialidad), de la biografía y de los contenidos de la mente que funcionan en un circuito cerrado pues cuerpo, biografía y mente se condicionan y abastecen entre ellos. Es entonces cuando el templo pasa a ser casi exclusivamente un dominio del yo y se olvida su condición sagrada y susceptible de ser habitado por Dios. Lo mismo pasa con la mente: es el yo quien la gobierna. Por eso la actividad de la mente se convierte en exclusivamente intelectiva y actúa basándose en los conocimientos prestados de otros yoes que se han ido acumulando. De este modo, se dificulta el que la mente dé el paso desde el intelecto a la inteligencia. El intelecto pertenece al mundo, la inteligencia pertenece a Su pensamiento y propósito.

También se condiciona la actividad humana en busca siempre de un mayor dinamismo de la sensorialidad por medio de diferentes experiencias. Experiencias que, si no trascienden, es decir, no van más allá de la sensorialidad que las provoca y se quedan solo en el laberinto de la mente y de sus contenidos, no alcanzarán el contacto con la inteligencia de lo viviente y permanecerán en un circuito cerrado inútil, ya que no llevarán al individuo más lejos. Lo mismo ocurre en el plano mental, con la adquisición y acumulación intelectiva de conocimientos prestados que no irán tampoco más allá debido a sus limitaciones, pues lo que pertenece a la especulación intelectiva, permanece siempre en lo especulativo y por tanto alejado de lo Real. Eso sin contar con lo que representa la aparición de la fantasía como recurso de la mente a la hora de poner contextos inteligibles a lo que, por su propia naturaleza, es ininteligible para el intelecto.

Para que Dios tome asiento en el trono que tiene en el cuerpo, en el corazón, el yo debe empezar a entender cuál es el lugar que le corresponde y todo comienza cuando esa consciencia individual que somos comprende que el yo no es el señor ni debe serlo. A su vez, debe de comprender la función imprescindible del yo en el ámbito de la vida, pero lo arrebata su condición de «señor» y lo pone a su servicio. Es un error pelear con el ego–yo, primero porque cumple una función imprescindible respecto al mundo, y segundo simplemente porque se le puede poner en el lugar que le corresponde y desde ahí le es más fácil cumplir con su función. Luego, ese yo se irá disolviendo en el Ser una vez que su actividad sea menos invasiva y requiera menos energía de sustentación. Efectivamente, sustentar el yo requiere grandes cantidades de energía sobre todo para mantener vivas las memorias biográficas del pasado con emociones y sentimientos asociados y para dar sustento y solidez a las creencias, opiniones y saberes.

Sin embargo, es importante entender que hay cosas que solo pueden ser percibidas cuando otras se hayan ausentes. En la medida de que el ego pierde protagonismo, va apareciendo el lenguaje del Ser. Pero mientras el yo sea atronador, no se podrá escuchar la suave melodía del Ser. Entendiendo esto, es entonces cuando se empieza a preparar adecuadamente el templo para que, cuando Dios lo quiera, lo habite. De ahí aparece la necesidad de encontrar un trabajo espiritual verdadero.

El templo humano es un reflejo del cosmos, entendido este como sede de lo Viviente. Detrás, y a imagen de las formas orgánicas y sus funciones, aparecen las formas y funciones cósmicas. Por decirlo de algún modo si el ser humano respira, es porque el cosmos respira. A esta similitud, los alquimistas del Medievo la señalaron como la relación entre macrocosmos (el universo) y microcosmos (el ser humano). La enseñanza sagrada del Antiguo Egipto mostrada en el templo de Luxor se centraba en este principio de relación: el ser humano como sede codificada de lo sagrado como esencia, sustancia y ley, y entendido como el «gran libro viviente».

En todo el conocimiento sagrado e iniciático siempre se ha mencionado un libro secreto, un libro oculto, etc., pues bien, ese libro siempre ha sido el libro de la Vida y este tiene un capítulo principal: el ser humano. Hemos dicho que el corazón es la puerta y que allí también está el trono. Sabemos que ese trono es Isis. Un trono en forma de piedra cúbica, un trono en el que un día Horus, la luz, se sentará a gobernar. Sobre una piedra cúbica se puede construir, ya que es, principalmente, sólida y estable y su forma muestra la armonía de la matemática presente en lo creado. Es por eso por lo que toda iniciación comienza en Isis: cuando la madre reconoce al hijo y en él, la semilla divina. Todo ello se expresa en el templo de Isis en Philae, uno de los nueve templos del circuito iniciático del Antiguo Egipto. Y todo empieza con la adquisición de un cuerpo físico. Ya nacer, es decir, entrar en la existencia, es en sí mismo una iniciación, somos dados a luz y coronados cuando sacamos la cabeza del vientre de la madre para entrar a la luz del día. Eso mismo deberá ocurrir cuando el cuerpo físico termine su función: entonces deberemos nacer de nuevo.

En la ceremonia de iniciación de «llegar a la existencia» siempre está presente una gran sacerdotisa, sin cuya función este paso gigantesco no es posible: esa sacerdotisa, ejerciendo una función sagrada, es la madre.

Pero si disponemos del templo entendido como el cuerpo físico, a su vez, a través de él se puede construir otro templo: el templo espiritual.

# La construcción del templo

*«La Sustancia Divina, junto a la Energía primordial y la Ley Cósmica, se encarna permanentemente. Para los seres humanos esta Encarnación se traduce, sobre todo, en un cuerpo».*

Doménico

Dijo también el maestro Doménico que «el hombre es un templo que vive». Un templo es la casa de Dios; es el lugar que Él puede habitar si se dan las condiciones necesarias. Esas condiciones se resumen en el concepto de *Maat*, la diosa egipcia del orden, el equilibrio, la justicia y la verdad. El templo se construye a partir del *sancta sanctorum*. Ese lugar, en el ser humano, es el corazón. Este se refiere al corazón espiritual, que por así decirlo tiene dos sedes vinculadas entre sí: una en el pecho y otra en el medio e interior de la cabeza, siendo a través del corazón del pecho como se accede al «otro corazón».

Si tomamos como modelo el Antiguo Egipto, respecto a la edificación del templo podemos tomar como referencias algunos elementos importantes:

- **Las murallas.** El templo ha de estar protegido de enemigos externos. Entiéndase como enemigos todo aquello susceptible de resultar una profanación de lo sagrado. El constructor del templo ha de tener presente la edificación de murallas protectoras para que pensamientos y emociones nocivas, tanto propias como ajenas, no lleguen al corazón.
- **Las ofrendas.** Estas son un material sutil de construcción del templo y luego una importante fuente de nutrición. Es el *nefer* de los egipcios, es decir, todo lo que es bueno y bello. El corazón distingue lo bueno y lo bello y lo pide para sí. Siempre uno mismo debe ofrendar a su propio corazón lo

bueno y lo bello. Lo bueno y lo bello es, por decirlo de algún modo, un material principal del tejido constitutivo del cuerpo de luz.

- **La piedra cúbica.** Es la expresión de lo estable, lo firme y lo equilibrado. Es la *maat:* la justicia divina y la verdad llevada al día a día. Solo a través de *maat* se esculpe la piedra, se pule y se genera el ángulo recto. Esas piedras son los pensamientos, palabras y acciones en *maat.* Terminado el templo, una piedra cúbica se convertirá en trono.
- **El trono.** Es el lugar donde se ha de sentar la divinidad. Y solo lo hará en las condiciones correctas. Ese trono es Isis. Una Isis que posteriormente también se identificó con la Virgen María, entendida en este caso como el vientre puro, templo vivo, en el que encarnará la divinidad.

## Ofrendas y generosidad

No es fácil encontrar una religión en la que no estén presentes las ofrendas al templo. Estas, de un tipo u otro, se ofrecían a Dios, a los dioses; dar dinero al templo para sus actividades era una ofrenda, una promesa íntima a Dios era una ofrenda. A su vez, se donaban al templo pan, vino, frutas, carnes, flores, perfumes… cosas útiles para mantener la vida del templo o para embellecerlo. En el Antiguo Egipto lo vemos de modo constante en templos y tumbas.

Sin embargo, esas ofrendas también se entendían como la forma exterior de entregar ofrendas al propio corazón. Nosotros, como dijo el maestro Doménico, somos un templo que vive: un templo que gusta de las ofrendas, tanto en términos de nutrición, como en términos de belleza, entendida como la propiedad de los seres y las cosas de infundir el deleite espiritual como otra forma de nutrición que la propia belleza del corazón reconoce y agradece.

Efectivamente, el corazón se alegra cuando recibe las ofrendas del bien, de lo bueno, lo bello y lo justo. El bien recibido incrementa el bien, lo bueno incrementa la bondad, lo bello incrementa la belleza, lo justo incrementa la justicia. Cuando el corazón recibe esos «regalos» lo hace con alegría, produciéndose un incremento en su luz: es como si una lámpara recibiera su aceite bendito. Acontecimientos, momentos que la vida nos trae de modo natural, podemos convertirlos en ofrendas, en regalos al propio corazón. Todo aquello de la vida diaria en donde esté presente el bien, lo bueno, lo bello y lo justo, puede convertirse en una ofrenda. Unas veces la ofrenda será más grande, otras más modesta, pero siempre será bienvenida. Las claves son la generosidad frente a uno mismo y el agradecimiento.

Somos un templo y disponemos de salas para las ofrendas nutritivas destinadas al corazón que lo embellecen y perfuman. En los entornos del corazón se puede decir, poéticamente, que se encuentran lugares a modo de salas de ofrendas para ofrecer al propio corazón el bien, lo bueno, lo bello y lo justo, los cuales tienen sus propias salas, pero también hay otras como la sala de la alegría, la sala de la positividad, la sala de la comprensión y ternura hacia uno mismo, etc.; de este modo el bien llegará a la sala del bien, la belleza a la sala de la belleza, la alegría a la sala de la alegría... el corazón busca y atrae de modo natural estas bendiciones. A todo ello el corazón se abre también de modo natural y sin recelo para recibir del exterior todo aquello que contenga lo que su mejor bien procura. Cuando amamos a alguien buscamos regalarle en un momento especial algo que sea de su agrado, algo que sea bello, que le sea útil... nuestro corazón anhela esas ofrendas, esos regalos, es decir, todo aquello que le hace bien. Un regalo, una ofrenda, es un testimonio de amor y si, nos referimos al corazón, la dulzura ha de estar presente: es como regalarle a un niño inocente. Y, poco a poco, a través del lenguaje del corazón, este nos habla sutilmente cada vez más de aquello que le hace bien, que le hace fuerte, que le ilumina… que le permite crecer.

Pero también es cierto que el corazón verdadero, siempre inocente, intentará cerrarse para que no lo invada todo lo negativo que viene del mundo y buscará protegerse de sus enemigos; por eso los enemigos del templo deben quedar siempre detrás de las murallas.

El templo se aseguraba por medio de las murallas exteriores y el sellado del *sancta santorum* para que los enemigos no profanasen la sacralidad que le es propia. Del mismo modo, el fiel amuralla su corazón para protegerlo de lo que puede dañarlo, ensuciarlo o profanarlo. Es inevitable en el mundo la presencia y acoso de los enemigos, es inevitable la presencia de lo sucio, de lo feo y, lo que es peor, de lo dañino. Pero podemos aprender a dejarlos fuera del corazón: que queden de murallas afuera, que queden fuera de nuestra respiración, de nuestro corazón. Las murallas procuran la paz del templo y dejan a los enemigos y su dominio en el exterior. Y los guardianes: los que avisan, los que vigilan, los atentos a discernir lo que entra y no entra en el corazón, en el templo; los que separan y rechazan lo que es del mundo y contamina, y ha de quedar allí fuera. Guardianes que aprenden y saben a quién o a qué se les abre o se les cierra la puerta del corazón. Esos guardianes centran su actividad en el discernimiento, en ese concepto que en el hinduismo se llama *viveka*.

Ante las murallas de la intención y la práctica de la virtud y frente a la disciplina, coraje y servicio de los guardianes que protegen la sacralidad de la inocencia, los enemigos empequeñecen y pierden su fuerza.

Al César lo del César; a Dios lo que es de Dios. Y donde Dios *es*, los enemigos no se acercan.

Pero recordamos de nuevo que, si el corazón se cierra ante lo que le daña, también se abre para recibir las ofrendas: el pan de la nutrición espiritual, el vino de la vida y la alegría, la carne sostén de la existencia, las flores de la vestidura de la belleza y la virtud, el aceite de la bendición, el perfume del recuerdo de Dios… A su vez, una ofrenda es siempre generosa y la generosidad es una de las más importantes vestiduras espirituales y, como enseñó el maestro Doménico, la generosidad es un factor de apertura: el miedo cierra, la generosidad abre. Por último, la ofrenda es una forma de servicio hacia uno mismo; además también se aprende así a recibir de los demás, lo cual a veces no resulta fácil: recibir significa abrirse, por tanto es también un acto de generosidad. Al dar aparece el servicio junto a la generosidad; al recibir se es generoso con uno mismo y junto a esa generosidad aparece el agradecimiento; en ambos casos la generosidad de saber entregar y de saber recibir siempre lleva el bien al corazón.

Si la vida te trae algo bueno, recíbelo abiertamente con la generosidad de la aceptación que procura el agradecimiento.

## Esoterismo y enseñanza

> *«La Vida es el vestido de la Verdad».*
> Doménico

Todas las ideas relativas a la iniciación se han asociado al término esotérico. Este término proviene de la palabra griega *esóteros,* que significa «reservado», «recóndito».

Este concepto nos viene de la escuela de Pitágoras que, como sabemos, según se decía estuvo aprendiendo en Egipto durante varios años. En la escuela pitagórica había una enseñanza general abierta a todos llamada *exóteros,* es decir, «exterior», pero también había la posibilidad de solicitar el acceso a la enseñanza esotérica que tenía varias características, entre ellas la de ser exclusivamente oral y sobre la que se exigía al postulante el mantenerla en secreto ante cualquiera que no compartiera esa enseñanza.

Si algo sabemos de Egipto es que la enseñanza nunca puede ser intelectual, ya que por tanto no sería eterna, pues el intelecto pertenece al mundo, solo accede al mundo y queda en el mundo. Toda verdadera enseñanza lo que provoca es el recuerdo, es decir, se reconoce. Cuando una persona recibe una información nueva, por ejemplo, por medio de una lectura, en realidad su mente compara esa información con la que ya posee y simplemente decide o desecharla por considerarla menos valiosa que la que ya posee o validarla incorporándola a su bagaje de información e incrementando así su erudición. En cambio, cuando un discípulo de la Vía escucha la enseñanza y esta resuena, entonces se despierta su recuerdo de lo real que ya habitaba en él. De ahí el dicho de que cuando el discípulo está preparado aparece el maestro; es decir, cuando está maduro para aprender y es capaz de recordar, significa que es entonces cuando puede reconocer la enseñanza.

Una enseñanza falsa nunca resonará en quién ya en él ha madurado el recuerdo y es capaz de discernir lo que proviene de la fuente del conocimiento de lo que no. Sin embargo, es cierto que aquello que no tiene como procedencia la fuente del conocimiento, es capaz de excitar el intelecto, o generar expectativas o fantasías, o provocar curiosidad o emociones, o aportar argumentos que verifiquen lo que ya se cree saber, etc. Pero una enseñanza verdadera tiene la potencialidad de activar el recuerdo, y para eso necesita en quién resonar, es decir, alguien preparado para hacerlo. Y ese es el verdadero momento del discípulo. Si no es su momento, esa enseñanza será simplemente comparada en su mente y archivada como otra opción más, o desechada si no se adapta o entra en conflicto con lo que cree saber. Si está ya maduro, esa enseñanza despertará su recuerdo, que no habita en su mente sino en su corazón, y entonces podrá discernir y empezar su camino. Esta es la forma de enseñanza de la Vía, por ello su carga de lecciones dogmáticas o discursos intelectuales y especulativos es nula, solo cuando el discípulo alcanza la madurez, aparece a su vez el recuerdo y, poco a poco, la capacidad de discernir respecto a una enseñanza real de la que no lo es.

Por último, añadir que el camino, la Vía, es experimental. No es algo elucubrativo, ni mental, ni simbólico. Es viviente. Si es solo mental, intelectual o parte de la fantasía, no ofrece crecimiento en Dios y no da fruto en el ámbito espiritual. Si es viviente, si es real, el crecimiento estará presente como resultado de una experiencia continua.

## Egipto y la iniciación

> *«Las maniobras del género humano no se cumplen, es lo que Dios ordena que se cumpla. Piensa en vivir en paz con lo que tienes y lo que dan los dioses vendrá por sí mismo».*
>
> *Máximas de Ptahhotep*

Es mucho lo que se ha escrito respecto al concepto de iniciación y a su significado. Hay una literatura pseudoiniciática al respecto que descansa sobre la fantasía o la desinformación: si una iniciación no es real, no puede recibir ese nombre. Si una iniciación es simbólica, entonces sabemos que no es real, es decir, que no es operativa. Una iniciación real está y es siempre viva y por ello es activa en lo Real.

Este concepto de iniciación, al menos en Occidente, nos viene del Antiguo Egipto, que toma como referencia las tres iniciaciones vitales que todo ser humano experimenta solo por el hecho de participar de la existencia. Una era de la Isis, otra la de Horus y otra la de Osiris. Cualquier iniciación parte y se referencia en alguna de estas tres. Como veremos a continuación, estas tres iniciaciones vitales no pueden ser más reales. En ellas actúa el trabajo de las inteligencias vegetativas asociadas a los sucesivos procesos.

En la iniciación espiritual, si es auténtica, se despiertan las inteligencias asociadas a ese proceso particular y que afecta a los órganos espirituales vinculados a la nutrición, al crecimiento y al fruto que al final se obtiene; exactamente igual que en lo que se refiere a lo orgánico. En el paso de un niño a un hombre la inteligencia natural asociada al proceso lleva a la producción de semen y a su emisión; sin él no podrá llegar a ser padre. No se puede tener semen y eyacular de modo simbólico. Lo mismo ocurre con una niña, sin óvulos no podrá ser madre.

La primera iniciación es aquella que nos permite iniciar el camino de la existencia cuando nuestra madre nos da a luz. Vamos de la oscuridad (el vientre) a la luz; se abren nuestros ojos a esa luz; se abre nuestra boca a una forma de acceso al oxígeno diferente; y con la toma del pecho de la madre, se inicia una nueva forma de nutrición: ahora ya no son necesarios ni el cordón umbilical ni la placenta, en cambio se activa toda la estructura digestiva. Lo mismo pasa con los pulmones. El paso desde el vientre materno a la existencia lleva implícito unos cambios orgánicos notables de adaptación a elementos nuevos. Exactamente igual que en el nacimiento a la vida espiritual. Una iniciación real despierta y activa órganos espirituales. Esta es la iniciación de Isis. La casa de esa iniciación era el templo de Philae. Cuando hay una iniciación real, que no simbólica, se asemeja a ese paso natural de nacimiento. Básicamente los ojos del iniciado se abren a la posibilidad de alcanzar a ver con una nueva luz y, sobre todo, se nutre de la sustancia divina y se activa una nueva formulación de la estructura orgánica que empieza a funcionar de otra manera al despertarse nuevos órganos de recepción. Es la vida la que de modo natural lleva a cabo ese proceso sagrado cuyo oficiante, la sacerdotisa, es la madre y, por tanto, su función es también sagrada: ha sido capaz de gestar y dar a la luz a una criatura.

La segunda iniciación vital es la de Horus, el hijo de Isis y Osiris. Esta iniciación se produce cuando una criatura inmadura sexualmente se convierte en una madura sexualmente transformándose en una criatura que, en unión de otra criatura similar, que no idéntica, es capaz de producir vida. En el ámbito orgánico se produce a través de una maduración vegetativa que, poco a poco, va definiendo las características propias de cada sexo con el fin de la perpetuación de la vida. Una criatura se encargará de la maduración y aporte de la semilla; la otra se encargará de poner a disposición una compleja y especializada estructura que pone el terreno permitiendo que esa simiente, una vez depositada, crezca. Esa iniciación se muestra en las mujeres a través del sangrado que dice al mundo que esa criatura está lista para ser madre. Este paso iniciático lleva implícito dejar ya la infancia, salir del cobijo y cuidado de la madre y seguir el propio recorrido en un cambio de vida definitivo para ella, que ya está lista para encontrar al padre de sus hijos. En el caso de él se muestra a través de la primera eyaculación y, al igual que ella, le exige dejar a su madre y buscar a aquella que será la madre de sus hijos. En Egipto, Horus dejaba a su madre en su templo de Philae e iba a la busca de Hator, en Dendera, como esposa, si bien antes era reconocido como hijo por Ra en el templo de Heliópolis para luego enfrentarse a Set en el templo de Edfú. En términos cristianos, para él es el paso de María madre a la Magdalena esposa. La nueva persona, que nace de la maduración sexual que va acompañada de manifiestos cambios físicos, se hace a partir de ese momento responsable de su creación: ahora puede crear y ser padre o madre, y así también ocurre con sus actos como ser maduro y adulto. En Egipto, se alcanzaba en las iniciaciones de Horus esa madurez en luz, susceptible por tanto de crear. En toda sociedad se han celebrado estos ritos de paso desde la niñez a la edad adulta. A su vez, este paso significaba un pacto con Dios, que en el antiguo Egipto se hacía mediante la circuncisión a los varones. Ese derramamiento de una nueva sangre (en las niñas esa efusión era natural) significaba un pacto con Dios, pues esa nueva participación en la vida como una persona ya biológicamente creadora se ponía bajo la ley divina. Este ritual de Horus, a su vez, estaba dividido en varias partes. La primera ya mencionada del paso de la niñez a la edad adulta; las «bodas», también llamada *hierogamia* o unión de las dos criaturas susceptibles de crear vida y, en su momento el nacimiento de la nueva vida que también representaba una iniciación para la madre. Así mismo, todo ritual de investidura, es decir, la incorporación de una nueva cualidad susceptible de convertirse en funcional y operativa, pertenecía a Horus. Los principales rituales de investidura eran la entronización y la coronación del faraón y su reconocimiento solar, episodios que son reflejos de hitos en el recorrido espiritual. En fin, las iniciaciones de Horus mostraban todos los procesos y pasos de crecimiento y maduración

La tercera iniciación de la que participa todo ser humano es la de la muerte. Esta es la iniciación que pertenece a Osiris. La muerte es también un paso de un estado a otro nuevo en el que se pueden incorporar, o no, las nuevas adquisiciones logradas por la participación en la existencia orgánica. Es por ello por lo que, en este paso, dado que puede significar un nuevo nacimiento (el llamado por los egipcios «segundo nacimiento») también participaba Isis. Para este segundo nacimiento es para lo que se precisa el cuerpo de luz, al igual que para el primer nacimiento es necesario construir un cuerpo orgánico. La casa de esa iniciación era el templo de Abydos.

Como tantas veces se ha repetido, los egipcios siempre tomaban como referencia el único libro viviente: la vida. Para leerlo, lo que cambia es la percepción a partir del despertar de órganos perceptivos más sutiles: desde la inteligencia de Thot hasta la capacidad de percibir la luz del ojo de Horus. En ambos casos bajo el principio de que solo lo igual reconoce lo igual; la inteligencia es reconocida por la inteligencia o la luz es reconocida por la luz. El punto de partida es la sencillez que proporciona vivir según *maat,* el universal principio de equilibrio, orden, justicia y ley.

Valga esta escueta aproximación para proporcionar un marco adecuado que permita comprender de un modo más correcto todo lo referido a la iniciación proveniente del Antiguo Egipto.

## La gran aportación de la sabiduría del Antiguo Egipto

*«Para nacer verdaderamente en Dios debes nacer una segunda vez durante esta vida».*

Doménico

El pilar central de todo el ideario sobre el que giraba la religión egipcia, tanto exotérica como esotérica, era que el sentido de esta vida, que parte del primer nacimiento en lo orgánico, es que es solo una etapa necesaria que ofrece la oportunidad para acceder al segundo nacimiento, el objetivo y fin último real y definitivo de la existencia terrenal. Y entre ambos estados, vida y muerte, no hay una separación, sino que es un proceso consecutivo en dos fases. Para ese segundo nacimiento era necesario disponer de un cuerpo de luz, el cual se iba construyendo a partir de la experiencia orgánica, es decir, necesitaba del cuerpo físico conseguido al entrar en la existencia. Por decirlo de algún modo, la presencia del espíritu en lo orgánico, es capaz de generar bajo ciertas condiciones una sustancia que será un elemento básico en la construcción del cuerpo de luz.

Hay una luz que cada persona recibe en el nacimiento puesta en el corazón por Ra, una luz de origen solar que ha de unirse e integrarse en *hierogamia* con el cuerpo orgánico que trasmutará esa luz y hará nacer esa sustancia de naturaleza lumínica que, en crecimiento, será la materia prima principal del cuerpo de luz.

En cuanto al ciclo nacimiento-muerte era entendido por los egipcios como un proceso que seguía esta secuencia:

- Un recorrido anterior preexistente hasta llegar al nacimiento con un cuerpo orgánico que llevaba asociada la conquista previa de una individualidad y una conciencia de uno mismo. A esto se añadía la incorporación de una semilla-chispa divina-luz que es dada al ser humano durante su gestación a partir de los cuarenta días que es su enlace de conexión con lo divino. Así mismo, esa luz es lo único que el Divino conoce y reconoce. Esa luz, como un fuego frío, tiene tres sedes en el cuerpo.

- Primer nacimiento: acceso a la vida física con un medio, el cuerpo, dotado de elementos capaces de procurar que esa semilla-luz germine, crezca y de la cual se obtenga un fruto. Un fruto imprescindible para el segundo nacimiento en forma de un cuerpo de luz. Dado que el cuerpo físico alberga la chispa divina y que está constituido en una parte por la misma sustancia divina y diseñado y construido a partir de las mismas leyes presentes en toda la creación, ese cuerpo es concebido como un templo. Esos elementos de los que goza y está provisto un ser humano eran: la inocencia primordial del corazón (solo el corazón siendo inocente puede guardar esa semilla-luz) asociada al recuerdo divino que permite no caer en la ignorancia espiritual; el discernimiento capaz de favorecer la elección de las opciones más benéficas y justas para la vida, para sí mismo y para los demás; la inteligencia asociada a las inteligencias vivientes y susceptible de penetrar en la Vida y de gobernar al intelecto; el uso correcto del pensamiento necesario para la adaptación a la vida; el uso justo y correcto de la palabra; la posibilidad de llevar a cabo la acción correcta que procura el bien en el propio ámbito de acción evitando el daño hacia uno mismo y a los demás. Todo ello lo resumían como vivir en *maat*.

- Recorrido en la vida física a partir del principio del uso del libre albedrio y ejerciendo las posibilidades de elección de vida en *maat* o de vivir al margen de *maat* asumiendo, se sea consciente o no, la responsabilidad y consecuencias sobre dichas elecciones. Una vida alejada de *maat* se caracterizaba por: la acción dañina o carente de frutos; mal uso de la palabra hacia los demás y hacia uno mismo por medio de la maldición o el juicio; y la ignorancia espiritual que aleja a la criatura de su Creador. Una vida alejada de *maat* pone peso en el corazón; ese peso es el de la densidad del mundo, un peso que puede impedir la construcción del cuerpo de luz y, por tanto, el segundo nacimiento.

- Fin de la primera fase: llega la muerte física.

- Acceso a la *duat* y recorrido por ella con más o menos dificultades, hasta alcanzar el Juicio de Osiris donde se pesará el corazón del fallecido, es decir, el *ib*, el corazón espiritual, y se verificará que ha sido «justo de voz». La *duat* era la zona de paso entre un estado y otro que servía, a su vez, como un proceso de purificación de lo más denso. La mayor densidad se debía a las ataduras del mundo y a la ignorancia espiritual.

- Si en vida alguien no había obtenido el fruto de conseguir una estructura de luz más fuerte y madura, sufría la segunda muerte. Algunos ni siquiera podían nacer en el más allá, mientras otros no eran capaces de cruzar la *duat* y sobrevivir en su recorrido por la debilidad de su luz. Entonces se producía la extinción y la pérdida de todo lo conquistado. Esta extinción era dolorosa y procuraba sufrimiento. Otros, al terminar el recorrido por la *duat,* llegaban al Juicio, pero allí también se podía producir la segunda muerte si el fruto presentado no era digno ni útil espiritualmente hablando. Este fruto era una especie de sustancia sutil y etérea luminosa de delicado perfume que había crecido en el *ib,* una sustancia lumínica indispensable para el segundo nacimiento: un a modo de semen espiritual.

- Si ese fruto-luz-perfume, *nefer,* era del agrado de los dioses y aceptado y reconocido, podía convertirse al fundirse con el *ba* después, en un cuerpo de luz con el cual acceder al segundo nacimiento para convertirse así en «glorioso», es decir, conseguir el cuerpo de luz o de resurrección y la inmortalidad en lo eterno. La vida física significaba la oportunidad de lograrlo pues durante la misma, esa chispa-luz podía nutrirse, madurar y crecer. Ese crecimiento se producía a través de la nutrición celeste, la Gracia; por la nutrición de *mer,* el amor; y por la paz, la acción del bien y el equilibrio de una vida en *maat* que evitaba dañar al corazón.

La forma más efectiva de lograrlo consistía en iniciar una Vía que lo permitiera. Una Vía que, conectada y en alianza con lo divino, supusiera la posibilidad de esa nutrición y que proporcionase el contexto más favorable para expresar *mer* y vida en *maat.*

El punto de partida en todo ser humano era el mismo: la chispa-semilla de luz proveniente de Ra, el sol, con la que todo ser humano nacía. Sin embargo, el fin de la niñez, la pérdida de la inocencia, la maduración de la fuerza sexual y la inmersión del ser humano en la exigente demanda del mundo, provocaban que esa chispa apenas sobreviviese, pues dado que todo tiende a su origen, la tendencia de la materia es la materia. Sin embargo, esa chispa-luz, también tiende a su origen y esa fuerza expresada en la mente como un recuerdo, y en la emoción como una nostalgia, se convierte en muchas personas en una necesidad, a veces difícil de entender por parte del intelecto, que le pide nutrirla para que crezca y regrese a su origen ya madura convertida en un cuerpo de luz. Es igual que cuando en el vientre de la madre una semilla, semen, encuentra un terreno fértil apareciendo después un embrión que, nutrido y cumpliendo las etapas de su desarrollo, alcanzará a convertirse en un cuerpo provisto de aquello que necesita para participar de la existencia, llegando después a crecer y así alcanzar la plenitud.

Tomando como única y más valiosa referencia el «libro de la Vida», ese crecimiento de la semilla-luz cuya casa está en el corazón, seguía el mismo proceso: también necesitaba ser nutrida, crecer adecuadamente y evitar que el mundo se convirtiera para ella en una mala cizaña que le impidiera desarrollarse. Ese proceso se realizaba de modo viviente a través de las iniciaciones en la Vía ya mencionadas y entendidas como pasos y etapas naturales de crecimiento que hay que recorrer.

Este es el relato del Antiguo Egipto sobre el sentido de la vida y la muerte en el que se enmarca todo lo referido a la iniciación y que con distintas modificaciones llegó y se incorporó a otros credos y culturas. Otra enorme aportación del Antiguo Egipto, hoy también prácticamente olvidada, fue el valor que concedían a la palabra.

# Bendecir o maldecir

*«Reposa tu corazón en el momento en que hablas».*
*Máximas de Ptahhotep*

Es muy interesante observar la enorme importancia que en el Antiguo Egipto se le daba al poder de la palabra. Este poder por un lado se refería a su carácter mágico, es decir su uso en *heka,* pero por otro se debía a lo relativo al respeto en su utilización cotidiana. En el Juicio de Osiris, un momento muy importante era cuando Thot, «señor de la palabra», declaraba al fallecido como «justo de voz», lo que significaba que su palabra había sido justa y de acuerdo a *maat,* es decir, que su palabra nacía del corazón y no del vientre. A eso se le llamaba la «unión de la lengua con el corazón», al igual que ocurría con la lengua y corazón del *neter* Ptah.

En el texto *Las máximas de Ptahhotep,* posiblemente el libro más antiguo del mundo, pues data de la V dinastía, este sabio que deja por escrito a las generaciones venideras su sabiduría, otorga al mal uso de la palabra un valor capital, pues la mala palabra provoca un gran daño al *ka.* El *ka* es herido y debilitado tanto por quien recibe la maldición, como también resulta herido el *ka* de quien profiere la maldición. Este término de «maldición» y, lo vemos en la propia composición de la palabra, significa sencillamente «hablar mal» y, en lo referido a lo cotidiano, hablar mal de otra persona, sobre todo si ese hablar mal obedece a la mala intención resultaba enormemente nocivo y actuaba como un veneno.

Otro efecto referido al mal uso de la palabra era el que surgía de la «palabra de ignorancia», especialmente a la espiritual, es decir, si alguien profería palabras de ignorancia sería responsable del efecto y el daño que su palabra podía producir en el ámbito espiritual. Esa ignorancia no le eximía de dar cuentas al respecto el día del Juicio.

Era importante por tanto «guardar la lengua» respecto a hablar sobre lo que no se sabía, pues si esa palabra no estaba ajustada a la verdad de *maat* se producía una alteración en esa verdad que, no lo olvidemos, estaba asociada al equilibrio y, por tanto, debía equilibrarse de nuevo. La palabra ignorante referida a aquello de «lo que no se sabe» y no ajustada a la verdad pensaban que producía una distorsión en la gran Maat y en la propia *maat* individual llevando al sujeto al desequilibrio. Recordemos que para los egipcios existía una verdad objetiva y no opinable. Para ellos era verdad que el sol sale por el este o que la sangre humana es roja; del mismo modo ocurre con el resto de las cosas independientemente de que cada cual perciba e interprete el mundo a su modo y manera y así genere su opinión subjetiva. Otra forma de maldecir era la de la mentira que, además, suele estar cargada de la intencionalidad que, o busca el beneficio de quien la dice, o el perjuicio de quien la soporta, o ambos. Esta forma de palabra también procuraba un enorme daño al *ka*.

Dice Ptahhotep en su libro:

No repitas un rumor maledicente, no lo escuches, es la manera de expresarse de quien tiene el vientre ardiente… protégete de él.

Habla tan solo cuando sepas que aportarás una solución, debe ser un gran artesano el que habla en el consejo; hablar es más difícil que cualquier otro trabajo.

Ptahhotep dice «artesano» porque se refiere a que la palabra está constituida por una serie de materiales que la forman y que un buen artesano debe de conocer, reunir y utilizar de modo positivo y útil. Los materiales de construcción de la palabra han de ser los mismos que los que requiere *maat;* es decir, la palabra ha de estar formada, y por tanto producir, orden, equilibrio, justicia, armonía y verdad.

Hoy vivimos una época donde las palabras no solo han sustituido a los hechos, sino que dichas palabras o bien están maldiciendo (se puede hablar mal de cualquiera impunemente) o bien nacen de la ignorancia o la improvisación. Parece que todo el mundo sabe de todo y además cierto tipo de personas sienten la necesidad de que los demás conozcan su opinión, independientemente de que esta esté formada e informada o no lo esté.

Por otro lado, en cambio, tenemos el bendecir, el resultado de que la palabra esté asociada a lo bueno y a lo bello y sometida a *maat*. Esa palabra también estaba vinculada al agradecimiento, al dar las gracias, asociando así el bien a la Gracia. Hubo épocas en las que se le pedía al santo su bendición, es decir, que su «bella y buena palabra» recayera sobre el solicitante siendo esto un factor de nutrición y de fortalecimiento del *ka*.

Shakespeare, sin duda un hombre de conocimiento, fuese quien fuese la persona que hubiera detrás de ese nombre, nos dejó en su obra aquellos grandes dramas en donde advertía de las distintas formas de sufrimiento del ser humano. En Otelo se muestra de modo magistral que el uso de la palabra como un veneno es capaz de provocar un gran sufrimiento e incluso la muerte por locura. Un veneno que se vierte sobre el oído de alguien que no alcanza a utilizar el discernimiento por el efecto del veneno que ya le han inoculado. Eso se debe a que el oído, asociado al corazón, no discrimina y en cambio es la mente la que actúa sobre el contenido de lo escuchado, siendo ella la que opta por aceptarlo o no. La mente de Otelo optó por dar crédito a la palabra de Yago y ya conocemos las consecuencias de esa decisión. La advertencia de Ptahhotep sobre lo que se oye y su paso por el corazón o por la mente y sus contenidos, significa una enorme diferencia a la hora de elegir qué tipo de vida se quiere vivir. La opción es decidir qué tipo de palabra utilizamos: las que maldicen o las que bendicen.

# Dormidos y despiertos

*«Pedid y se os dará; buscad y hallaréis; llamad y se os abrirá.*
*Porque quien pide recibe, quien busca halla, y a quien llama*
*se le abre».*

Jesús de Nazaret

Sin embargo, el conocimiento iniciático durante años ha permanecido discretamente reservado y fue olvidándose. Así lo demuestran dos afirmaciones comúnmente difundidas y aceptadas en la actualidad: no hay ninguna Vía y, sobre todo, no es necesario ningún maestro. Por ello hoy suele ser común en ciertos ámbitos la premisa de «todos somos maestros», una afirmación tan falsa como absurda.

Es como si se nos ocurriera decir que todos somos pianistas: es falso. Todo el mundo tiene la potencialidad de ser pianista. A unos les podrá llevar más años y esfuerzo de aprendizaje que a otros, pero es más que posible que, aunque sea de modo torpe, cualquier persona pueda tocar el piano. Pero tener la potencialidad no es lo mismo que serlo. Basta con poner a un grupo de personas delante de un piano y pedirlas que toquen: unos podrán hacerlo y demostrar que son pianistas y la mayoría no. Eso sin contar con que, además, como Chopin o Liszt, hay muchos menos.

Y, además, solo falta ver la realidad, si fuéramos todos maestros nos comportaríamos como maestros y con echar una mirada alrededor basta para comprobar lo absurdo de esta afirmación.

En el budismo zen se dice: «tú ya eres Buda». Pero eso se dice para impartir la enseñanza de que esa potencialidad está ahí presente, pues pone el énfasis en recordarlo para mostrar que ahora solo falta hacer realidad esa posibilidad que existe en cada uno, pero no significa que ya esté realizada. Y nuevamente basta con mirar alrededor para ver cuántos budas hay.

La potencialidad de acceso a la maestría, entendida esta como una estación espiritual, está presente en todo ser humano. La budeidad (Buda significa «el despierto») está latente, dormida en cada persona, pero es un camino largo, difícil y que, habitualmente, se debe de hacer bajo la mirada y guía de la maestría espiritual: un pianista solo aprende de alguien que sabe música y toca el piano.

Es como decir de un grupo de personas que están dormidas que tienen la posibilidad de despertarse: es verdad. La potencialidad está ahí; un muerto no la tiene, en cambio un dormido puede ser despertado. Pero solo cuando despierten la afirmación será efectiva. Y, por cierto, una persona dormida no puede despertar a otra dormida. Solo una persona despierta puede despertar a alguien dormido.

Sin embargo, es necesario repetir que el recorrido de la Vía, siendo sencillo, no es fácil. Y hay algunos obstáculos que veremos a continuación, uno de ellos es la trampa del psiquismo.

## Los obstáculos de la Vía: experiencias psíquicas

*«En el más alto grado de conocimiento hay ausencia total de aspiración a contentar los sentidos o a vivir experiencias extraordinarias».*

*Los yogas sutras de Patanjali*

Una situación a la que se enfrentan los que recorren la Vía es cuando la mente empieza a demandar experiencias que confirmen que, efectivamente, se está en el camino. El problema aparece cuando la mente no se conforma con lo cotidiano: en realidad, lo que ocurre es que aún no capta la maravilla de lo cotidiano. De este modo, un amanecer carece de interés, es solo un amanecer y es un fenómeno cotidiano que ni es anómalo ni se oculta: cada día está ahí.

Efectivamente hay una parte de la consciencia atada a la sensorialidad, pues esta está diseñada para abastecer de datos a la mente menor, es decir, aquella que permite la lectura, conocimiento e interpretación del entorno más cercano en aras a la mejor adaptación a los factores primarios de la supervivencia y a los secundarios vinculados al clan (primarios: comida, lucha, abrigo, protección, reproducción, etc.; secundarios: aceptación por un grupo, búsqueda de los privilegios del liderazgo, socialización adaptativa, adopción de la cultura dominante, etc.).

En cambio, otra parte de la consciencia es susceptible de quedar liberada de las ataduras de esa sensorialidad y acceder a otros escenarios en donde actúa la mente mayor. Es el acceso a lo que se ha llamado el «libro de la Vida» y ahí está presente también la sensorialidad, pero de modo mucho más sutil. Esta suele activarse cuando está por medio la presencia y percepción de la belleza a lo que se suma la ausencia de la mente menor y de su continuo intento de encontrar significados, interpretaciones o explicaciones asumibles y a su alcance.

El maestro Doménico se refería a la mente menor como aquella atada a la necesidad de descifrar el mundo en aras a garantizar una mejor supervivencia: esta es la mente del ego. La mente mayor es la referida a aquella conectada a la Inteligencia Divina y presente sutilmente en la vida.

En este mismo orden de secuencias, es muy cierto que a veces la mente menor violenta la sensorialidad. Esto ocurre cuando la mente se siente insegura y la necesidad de entender y la falta de comprensión pueden generar en ella un conflicto como, por ejemplo, cuando siente amenazadas sus creencias. Muchas veces, cuando las creencias, sobre todo las ancladas en la fantasía peligran, la mente es capaz de violentar la sensorialidad para que esta verifique y dé verosimilitud a esa creencia. Eso se debe a que los costes energéticos de violentar momentáneamente la sensorialidad son mucho menores que los de afrontar un cambio de creencias. De ahí que afirmaciones de «eso lo he sentido, lo he visto, lo he oído» por parte de quien lo experimenta resulta muy real, pues la mente menor lo acepta como experiencia muy rápidamente y lo pone dentro de un contexto adecuado a sus contenidos de modo que resulte inteligible. Además, le otorga un significado que suele llevar aparejado un premio al yo del individuo en términos de exclusividad y privilegio haciendo que se sienta especial. Esto lleva asociado la dificultad para el individuo de no ser capaz de distinguir aquello que forma parte de la verdadera experiencia sensorial, incluidas las sutiles, y las que han sido producto de violentar y modificar la sensorialidad con trampas que la mente menor es capaz de provocar. Además, esas trampas son más espectaculares y llamativas que las producidas por la sensorialidad sutil asociada a la mente mayor. Para entender esto mejor, solo hay que acudir al testimonio de personas que han consumido determinadas drogas que, como bien sabemos, son capaces de modificar los receptores de la sensorialidad hasta límites asombrosos, algo que nuestra mente menor, sin necesidad de psicotrópicos, muchas veces es capaz de hacer. Una persona mediante la ingesta de psicotrópicos siente y vive todo lo que solo ocurre en su cerebro como una realidad de modo más potente que la que le proporciona su sensorialidad cotidiana, es decir, su experiencia es percibida como absolutamente real.

Esta estrategia de la mente de proporcionar al experimentador un premio en modo de privilegio, se intensifica cuando ese individuo carece de autoestima o muestra inmadurez o carencias. De esa manera la experiencia que lo sitúa como distinto o privilegiado actúa de modo compensatorio y, desde luego, gratificante, por lo que busca esa experiencia una y otra vez con el añadido de que necesita que sea conocida por los demás para que sean los otros los que den fe y testimonio de esa condición de privilegiado, ya que, sin ese reconocimiento ajeno, su ego no recibiría el premio.

Es por este motivo que la gente de la Vía, si aparecen esas experiencias, no les dan ningún valor y mucho menos le conceden ningún significado, pues conocen su origen. Y si esa experiencia, de modo excepcional proviniera de otro origen superior y no partiera de su mente menor, la guardaría como un tesoro en un entorno íntimo y en el ámbito de lo privado. Ese es el lenguaje del Ser.

Si buscamos el término «psiquismo» en el diccionario encontramos: «conjunto de los caracteres y funciones de orden psíquico». Dada esta definición, debemos acudir al mismo diccionario para ver cómo define «psique·, y este nos dice que es un término filosófico griego igual a «alma». Esto significa que, desde la filosofía griega, en la psique están contenidos todos los atributos y facultades del alma. Esta alma hay que entenderla como la descrita por Aristóteles, lo cual implica que va desde lo que se refiere a apetitos y pasiones hasta lo que hoy definimos como los factores psicológicos. Esta psique-alma griega no debía confundirse con el espíritu–*pneuma* de carácter espiritual.

Por otro lado, sobre todo a partir del siglo XIX, el psiquismo se vinculó a la fenomenología que vino a llamarse paranormal y que conoció un gran desarrollo que ha llegado hasta hoy. Esta consideraba que determinados individuos gozaban de poderes especiales de tipo psíquico, a veces de modo perpetuo, a veces de manera casual, que les permitía acceder a través de diversas formas de sensibilidad a donde la gente común no podía hacerlo.

El psiquismo resulta de una extensión esporádica de la capacidad sensorial ordinaria que se muestra en algunas personas con más frecuencia que en otras. Esta extensión puede deberse a muchos motivos, uno de ellos es la sensibilidad a los campos electromagnéticos o a cómo se producen los pasos de la información en el cerebro sobre todo en lo referido a su química: en ambos casos no hay participación de la consciencia. Esto es comprobado por las alteraciones químicas que se producen por la ingesta de drogas y que producen grandes y espectaculares cambios en las percepciones psíquicas: la experiencia alucinógena actúa independientemente de la voluntad y al margen de la consciencia.

Por lo que se refiere a los sentidos, sabemos que un ser humano es capaz de ver dentro de un rango del espectro visible a su ojo y que corresponde a ciertas longitudes de radiación electromagnética, pero hay muchos animales que ven por encima de ese rango y lo mismo ocurre con los olores o los sonidos. En lo referido a la capacidad sensorial, la condición animal supera con mucho a la condición humana pues bien sabemos que un perro es capaz de oler el miedo o una enfermedad. En realidad, mucha de la información que un ser humano recibe de otro lo hace también por medio del olfato, si bien esa información no pasa a la consciencia. Por ejemplo, la ciencia nos dice que en el ser humano lo que definimos como enamoramiento empieza por el olfato. Una persona recibe de otra a través del olfato informaciones sobre compatibilidad genética, disposición sexual, etc. Esto pone en marcha una elaborada bioquímica inconsciente que identificamos con la emoción de sentirnos enamorados que, en el fondo, es una forma de disparar el deseo sexual, lo cual es solo una estrategia de la vida para que la especie se reproduzca. Pura bilogía que funciona de modo vegetativo. Nuestra sensorialidad es muy limitada si la comparamos con la de los animales, nos superan en vista, olfato, oído…, muchas personas que a veces tienen una visión, en realidad acceden a algo que comúnmente ve un perro. Eso mismo pasa con la capacidad de detectar energías, algo que los animales hacen también de un modo mucho más eficaz, valga el ejemplo de las serpientes, escualos, o el de las aves migratorias; estos y otros muchos animales son susceptibles de detectar campos energéticos y variaciones electromagnéticas de distinta índole. En un pasado, la humanidad más vinculada a la naturaleza, también tenía más desarrollada esas capacidades animales asociadas a la supervivencia. A medida que evolucionamos, fueron atrofiándose las capacidades de detectar esas energías para dar paso a desarrollos superiores de tipo mental. Es decir, que hay un psiquismo de naturaleza sensorial y animal y que nada tiene que ver con condiciones espirituales. Este psiquismo no es nocivo salvo que se le quiera otorgar valoraciones falsas o exageradas. Por decirlo de algún modo, ese psiquismo de naturaleza animal es auténtico y puede ser útil bien gestionado.

Otro tipo de psiquismo, que representa un obstáculo para el desarrollo espiritual, es aquel que proviene de la excitación de la mente a la que se fuerza para la aparición de esa sensorialidad. Al igual que con la ingesta de drogas, por ejemplo, el LSD, una hiperexcitación provoca esa alteración mental forzada, pues la imaginación y las creencias son susceptibles de alterar la bioquímica cerebral, y generar una fenomenología y experiencias con ciertas características sensoriales asociadas. Estas, a veces, son capaces de generar hechos extraordinarios, como por ejemplo todo tipo de visiones o fenómenos anómalos; en el ámbito cristiano, los estigmas sangrantes; en el hinduismo, los poderes de los faquires; las posesiones chamánicas, etc.

Por último, es la mente la encargada de dar a cualquier experiencia anómala o poco común unos significados u otros: o considerarla como irrelevante o concederle gran importancia. Por este motivo, a veces ocurre que algunas personas consideren estas alteraciones bioquímicas como un privilegio e incluso pueden sentirse superiores a los demás a partir de ellas.

El otro aspecto a considerar es el de la utilidad: es decir el uso correcto de ese psiquismo animal, lo cual no es fácil, ya que la mayoría de las veces cuando aparece no obedece a la voluntad del sujeto. En este sentido, como en tantas ocasiones, utilizar el sentido común se torna fundamental.

A su vez, a veces se comete el inmenso error de considerar estas posibles facultades como una señal de elevación espiritual. Efectivamente, el psiquismo no debe confundirse con la espiritualidad. De hecho, en muchas escuelas y vías espirituales, el psiquismo es considerado un gran obstáculo para el crecimiento espiritual, sobre todo si se le concede significados y valores que no le pertenecen.

En el cristianismo gnóstico, los psíquicos son diferenciados de los *pneumáticos,* o espirituales, y de los individuos materiales. Según su doctrina, dichos individuos materiales carecen de ninguna posibilidad de salvación y los psíquicos han de hacer grandes esfuerzos para salvarse precisamente por esa condición que los encadena.

Si echamos una mirada al sufismo, para ellos también el psiquismo es peligroso en la Vía y está o bien vinculado al *tab,* o naturaleza animal de índole genética, o al *nafs* o yo egoico.

Todo ello no significa que no existan los llamados carismas asociados, esta vez sí, a la condición de la santidad o vinculados a estaciones espirituales elevadas según el desarrollo de una persona. Sin embargo, su origen es distinto y su expresión también. Su origen está en el *pneuma,* en el espíritu según los gnósticos, en la Gracia según los cristianos o en el *ruh,* el espíritu, según el sufismo. Estos carismas de orden sutil suelen carecer de espectacularidad, pues pocas veces actúan en el terreno de la materia y, cuando lo hacen, es como última etapa de un recorrido que va desde lo más sutil a lo más denso. Dentro del cristianismo estos carismas son siete, pertenecen al Espírito Santo y son dones de Dios. Estos son: sabiduría, inteligencia, consejo, fortaleza, ciencia, piedad y temor de Dios. También el propio desarrollo espiritual produce doce frutos: amor, alegría, paz, paciencia, bondad, afabilidad, fidelidad, dominio de sí mismo, aceptación, caridad, continencia y modestia. En el sufismo están también bien definidos según la *makam* o estación espiritual en la que cada persona se encuentre. Volveremos más adelante con los dones y frutos.

Quien posee algunos de estos carismas con sus dones y frutos, es capaz de expresarlo hacia los demás de un modo natural: la sabiduría expresa sabiduría, la alegría expresa alegría, la paz expresa paz, etc. La propia fuerza de estos dones y frutos impregnada de la propia energía espiritual de quien los posee, es capaz a veces de actuar de modo potente dependiendo del grado de necesidad e inocencia del receptor que la mayoría de las veces los recibe sin que tampoco participe su consciencia. Lo que es común es que la aparición de ciertos carismas en un individuo suele ser guardada en la más absoluta discreción.

Según distintas tradiciones, la falta de discreción e incluso ostentación en la manifestación de ciertos carismas, es justamente señal de que su fuente no es el espíritu. A lo largo de la historia son muchos los testimonios que hablan de que los que poseen esos carismas espirituales simplemente los reflejan en su propia presencia. Eso en el sufismo se llama la «acción de la *baraka*», es decir la emanación natural y sin artificios de la propia condición espiritual de una persona. Una emanación, no siempre detectada por todos.

Dentro de la Vía, las impresiones del psiquismo ordinario, precisamente van desapareciendo y así no obstruyen el paso a las impregnaciones que poco a poco el espíritu va depositando en el alma y en el corazón. De este modo van apareciendo los frutos y los dones si Dios lo permite según su voluntad.

En el tránsito, puede aparecer la confusión junto a la mezcla de sensaciones, sentimientos, propuesta de significados, etc. Es por ello por lo que muchos maestros refiriéndose a esta situación aconsejan dejarlo pasar sin concederle ninguna importancia y mucho menos otorgarle ningún tipo de significado sabiendo que es una condición transitoria. Y es entonces cuando puede aparecer y se empieza a comprender el lenguaje del Ser, al que están ligados esos carismas entendidos como dones y frutos. Sin embargo, a veces la mente va por otros caminos.

# Mente, representaciones y magnitudes

*«La mente es para el hombre la causa de su esclavitud y de
su liberación; cuando se apega a los objetos de los sentidos,
es causa de esclavitud; cuando no tiene relación con ellos,
lo es de liberación».*

*Upanishads*

Como bien sabemos una persona no puede tener otras referencias
que aquellas que su mente conoce y reconoce, o cree conocer, y a
partir de ello, infiere, deduce e interpreta el mundo.

Si, por ejemplo, una persona afirma que se «acuerda» de una de
sus vidas pasadas, siempre será dentro de un marco de referencia
reconocible e identificable por su mente. Una persona puede narrar
que se acuerda de una vida pasada en esta Tierra, en otra época
histórica y con otro cuerpo humano. Es decir, a partir de datos que
le son reconocibles. Por el contrario, nadie se acordará de una
posible vida transcurrida en un planeta con otra gravedad, tempe-
ratura y atmósfera, situado a doce millones de años luz, hace ciento
catorce millones de años terrestres y con un cuerpo que en vez de
tener una base de carbono tenga, por ejemplo, una base de silicio
y con una mente que funcione a partir de una estructura bioquímica distinta.

Esto se debe a que nadie sabe cómo es un organismo con una
posible base de silicio, ni cómo puede ser la vida en un planeta
diferente, ni cómo puede funcionar una mente distinta a la desarrollada en nuestra evolución. Después, está el factor tiempo. Para
una mente humana es perfectamente asumible construir referencias
respecto a, por ejemplo, la vida de los seres humanos en las cavernas. Por este motivo una persona sí podrá «acordarse» de una vida
pasada en las cavernas porque su mente tiene datos suficientes
sobre cómo era la vida en las cavernas, lo que le permitirá hacer

representaciones al respecto más o menos aproximadas. Sin embargo, le es imposible hacer representaciones mentales sobre una existencia con un posible cuerpo de silicio que no tenga forma humanoide hace ciento catorce millones de años.

También a nuestra mente no le es posible hacer representaciones mentales temporales o espaciales a partir de la magnitud de determinadas cifras. Por ejemplo, se cree que el planeta Tierra tiene una edad de 4543 millones de años o si tomamos como ejemplo a la estrella Rigel, de la constelación de Orión, resulta que está a una distancia de 864 años luz, tiene una edad de 8000 millones de años, un radio de 55 millones de kilómetros y una luminosidad de 85 000 soles. Nuestra mente no puede asumir estas magnitudes.

Se debe a que nuestra mente también mide la temporalidad y el espacio en función de aquello que conoce y le sirve de referencia: la temporalidad del cuerpo físico y la medida de los ciclos naturales vinculados a este planeta como los ciclos solar y lunar. Y con los tamaños nos ocurre lo mismo.

Es por eso por lo que cualquier relato sobre este ejemplo de vidas pasadas se hace a través del marco de referentes reconocibles, lo cual hace precisamente que la cualidad expansiva de la consciencia quede limitada a ese estrecho marco de lo que una mente humana puede identificar y representar.

Con cualquier otro asunto actúa igual. Esto mismo ocurre cuando se narran apariciones, bien de extraterrestres o de la Virgen María, por poner algunos ejemplos. Los relatos sobre extraterrestres nos los describen siempre a partir de datos reconocibles, es decir, son siempre humanoides, por ejemplo: pequeños y feos con cabeza grande (reconocible); altos, rubios y bellos (reconocible); con brazos y piernas y caminan erguidos (reconocible)... En este caso nadie reconocería a un extraterrestre con nuestro supuesto cuerpo con base de silicio y que tuviera, por ejemplo, una forma completamente ajena a la humanoide, ya que la mente no lo podría reconocer y no sabría hacer una representación. Y lo mismo pasa con espíritus, fantasmas, etc., o con las apariciones de la Virgen María que, además, jamás se mostrará fuera de un contexto, en este caso religioso, reconocible por quien tiene la visión. Por este motivo, a un católico se le aparecerá la Virgen María y a un hindú se le aparecerá Krishna y no al revés. Dichas apariciones siempre serán representaciones susceptibles de ser asociadas por la mente con algo que previamente conoce. Esto se debe a que este es el funcionamiento natural de la mente ordinaria subordinada a su funcionamiento lineal y a su necesidad de utilizar referencias reconocibles sin las cuales se siente alterada. Referencias que incluso es capaz de crear a través de la imaginación (la imaginación entendida como la facultad de crear imágenes mentales) con tal de conseguir una coherencia de significados a los cuales pueda acceder e identificar para integrarlos y usarlos dentro de su marco de reconocimiento.

También puede ser de interés reflexionar si la necesidad de ese reconocimiento por parte de la mente hace que a situaciones como las anteriormente mencionadas, por ejemplo, recordar una vida pasada o encontrarse con extraterrestres, unos espíritus o la Virgen María, se les conceda además un significado al que de inmediato se le suele dar un gran valor y trascendencia, cuando en realidad ese valor la mente lo vincula al factor de excepcionalidad. Es por eso que comúnmente damos significado a lo excepcional aunque carezca de ningún tipo de valor intrínseco y a lo cotidiano no se lo damos, pues carece de excepcionalidad aunque, en cambio, sí tenga un enorme valor. Un cordero que haya nacido con dos cabezas es excepcional, pero ese hecho carece de valor *per se*. El nacimiento de un ser humano no es nada excepcional, pero su valor es gigantesco. Saber distinguir entre lo excepcional y lo valioso forma parte del patrimonio de la inteligencia y del uso del discernimiento.

Si la mente está condicionada por los límites de su percepción sensorial, debemos recordar que también lo está porque solo puede moverse con comodidad dentro de un marco espacio-temporal también limitado. Sin embargo, ciertas tradiciones nos hablan de que precisamente cuando la mente empieza a perder las representaciones y las referencias, bien sea de formas, sensaciones e ideaciones con sus respectivas significaciones, y después de asumir la perplejidad inherente a este hecho, esta se abre a un campo de posibilidades nuevo, pues los referentes anteriormente usados se revelan entonces no como una oportunidad de conocer tal y como la persona creía hasta ese momento, sino como un límite al conocimiento real que solo aparece a partir de este punto.

Desde este marco, una vida pasada, un extraterrestre o un espíritu, o todas las teorías filosófico–religiosas juntas, o el contenido de todos los libros escritos, por poner unos ejemplos, adquieren su condición de representaciones mentales, cuando no de meras elucubraciones y, por tanto, aparecen como irrelevantes y prescindibles respecto a la Totalidad y su potencialidad. Esto hace que se puedan a menudo convertir en una rémora a la hora de que la mente se expanda hacia otro lugar ajeno ya a ese marco de tiempo–espacio de formas, representaciones y significados en donde si bien sigue habiendo límites, estos son ya mucho más amplios. Pero estas actividades ilusorias de la mente no son los únicos obstáculos, también aparecen otros descritos en el *advaita* como la «acumulación de comprensión defectuosa», especialmente cuando erróneamente se validan saberes prestados nacidos de la fantasía o de la ignorancia. Repasemos algunos ejemplos, especialmente los generados y más divulgados por el ocultismo o por la *new age* teniendo presentes tanto la sabiduría tradicional como la historia.

# La cábala

*«Has de saber que este Universo, en su integridad, no es sino un ser individual».*

*«Sabido es que la existencia es un accidente que sobreviene a todo lo que existe, y por tanto constituye un elemento añadido a su esencia».*

*Guía de perplejos,* Maimónides

Hubo una época en la que el ocultismo tomó una prevalencia enorme de modo que llegó a confundirse con el *esóteros* y difundió saberes que, si bien tenían un origen válido, fueron manipulados y sacados de su contexto cultural e histórico. Esto ocurrió especialmente con la cábala, un sistema filosófico nacido por y para el judaísmo y que partía de una premisa al menos cuestionable: que el idioma hebreo tenía un componente sagrado que lo diferenciaba de cualquier otra lengua haciéndola especial. Dentro de este mismo discurso, los textos en hebreo también poseían ese privilegio de ser más sagrados que otros escritos en otras lenguas. Vamos a recordar algunos datos históricos al respecto y poner a este cuerpo de conocimiento místico en el lugar correcto que, en mi opinión, le corresponde.

Si consultamos cualquier enciclopedia sobre el significado del término hebreo cábala, nos dirá que significa «tradición» o «recepción». Más allá de las especulaciones fantásticas de muchas escuelas rabínicas del judaísmo más fundamentalista, lo cierto es que la cábala aparece como un cuerpo místico diferenciado dentro de la religión judaica en el siglo XII y en el marco geográfico del sur de Francia y sobre todo en España, Sefarad, concretamente en ciertas comunidades de Guadalajara, Gerona, Segovia y Zaragoza principalmente. No olvidemos que el *Zohar* se escribe y se publica en España en el siglo XIII y que este texto es el cimiento en el que se asienta la cábala. La historia nos dice que su autor fue Moisés de León, un judío sefardí, filósofo y rabino de la ciudad de Guadalajara. Como en otras ocasiones, determinados sectores del judaísmo actual buscan retrasar la autoría de esta obra hasta un pasado legendario, pero numerosos estudiosos tanto judíos como no judíos dan por hecho que el *Zohar* se debe a Moisés de León, si bien es aceptado que tuvo presente enseñanzas y textos anteriores.

También en el siglo XII brilla con igual luz de sabiduría Maimónides, rabino especialista en la *Torá,* filósofo, médico y astrónomo, desde su Córdoba natal. En el judaísmo hay un antes y un después de la publicación por parte de Maimónides en 1190 de *Guía de perplejos,* obra en la que incorpora al judaísmo ideas y conceptos de la filosofía aristotélica. Maimónides también es enormemente respetado tanto en el cristianismo como en el islam; tal es la altura de su sabiduría. Es de ley mencionar a otro gran sabio: Isaac llamado «el Ciego», nacido en 1160 en un pueblecito de la Provenza. A él se le atribuye el *Sefer ha Bahir,* si bien hoy se considera que igualmente pudo basarse al escribirlo en textos más antiguos.

Este *Sefer ha Bahir,* junto al *Zohar* y el *Sefer Yetzirá,* forman toda la literatura cabalística tradicional. Por otra parte, el análisis más claro, minucioso, y preciso sobre el movimiento místico de la cábala se lo debemos al filólogo e historiador judío Gershom Scholem (1897-1982), considerado la mayor autoridad mundial sobre cábala. Precisamente su tesis doctoral la hizo sobre al *Sefer ha Bahir.*

Es el *Sefer Yetzirá,* o «Libro de la formación», el primer texto cabalístico cronológicamente hablando. Su datación histórica es polémica, pero el arco de tiempo de su aparición va desde el siglo II a. de C., hasta el siglo II d. de C., siendo esta última fecha la más consensuada. Su carácter es marcadamente esotérico y ofrece una perspectiva filosófica ocultista dentro del judaísmo, algo impensable hasta entonces. De esta obra salen los principios fundamentales de la cábala que hoy conocemos: un árbol de la vida como estructura explicativa del orden cósmico creativo en base a emanaciones, las diez esferas o *sefirot*, y los veintidós senderos que las conectan cada uno de ellos vinculado a una letra del alfabeto hebreo. Así mismo, esas letras están divididas en tres principales o madres que representan tres elementos; siete letras dobles asociadas a los siete planetas y doce simples asociadas a los signos zodiacales. Este vínculo con el zodiaco y sus doce signos evidencia la patente influencia griega en el texto y su condición esotérica astrológica muy alejada de la tradición judía. Esto es un ejemplo de cómo esta pequeña obrita muestra con claridad cómo ideas provenientes de la filosofía griega se instalan en el judaísmo cabalístico que las adopta. Por un lado, incorpora la idea del Logos creador y sus emanaciones y es aquí donde se ve con claridad la influencia del famoso filósofo judío helenístico Filón de Alejandría (Alejandría, siglo I a.de C.), cuyo trabajo se centra en buscar una conciliación y un encaje entre la fe judía y la filosofía griega. Filón es el primero que representa a Dios como un a modo de arquitecto que construye el mundo a través de la palabra. Asimismo, es el que plantea la lectura de la *Torá* desde un punto de vista meramente simbólico, una propuesta que choca frontalmente con la perspectiva del judaísmo más dogmático. Esto ocurrirá después también con el *Zohar,* en donde Moisés de León propone una lectura no literal de la Torá en aras a un significado oculto del texto. Volviendo al *Sefer Yetzirá,* este menciona los diez *sefirot* o emanaciones y es evidente la correspondencia y semejanza que tienen con la *tetraktys* de los pitagóricos, un esquema donde están presentes el número diez y las cuatro emanaciones que también vemos en el *Sefer Yetzirá.* Obviamente, lo singular de este primer texto cabalístico radica en que las letras, y por tanto la lengua, que Dios utiliza para crear el mundo es el hebreo con lo que, de modo inmediato y evidente, esta lengua queda privilegiada sobre las demás.

Pero la historia demuestra que si ha habido un pueblo necesitado de afianzar sus raíces nacionalistas ha sido el judío. El proceso de afianzamiento de los nacionalismos es conocido y comienza con afirmarse a partir de desconectarse con la realidad histórica del pasado y convertir ese pasado en mítico cuando no fantástico. Los judíos, por mor de su religión que ejerció y ejerce de elemento conectivo entre todos los hebreos dispersos por el mundo después de la diáspora, usaron su religión como el elemento diferenciador y exclusivo, por lo que fue necesario cargarla de mitos, maravillas y misterios y entre ellos, la afirmación de ser el pueblo elegido por Dios y, por ende, todo lo relativo a su religión adquiría un nivel de sacralidad superior a cualquier otra. Esta condición de superioridad y exclusividad también incluyó su lengua.

La formulación era sencilla y fácil de entender. Si la *Torá* es la revelación palabra a palabra de Dios y este la ha hecho en hebreo, se deduce que el hebreo es la verdadera y única lengua sagrada. A su vez, la cábala es la ciencia también sagrada susceptible de guardar y transmitir grandes secretos ocultos en esa lengua también sagrada. Obviamente, como tantas veces, todo descansa en validar varias premisas: que Dios le habló a Moisés, que lo hizo en hebreo, que este registró la revelación palabra por palabra en la *Torá* y que la *Torá* se transmitió de modo inalterable a través de los siglos. Naturalmente, solo desde la más ferviente fe judaica es posible avalar todas estas premisas.

Para comprender mejor este proceso bien estudiado por la historia, debemos empezar por referirnos al famoso concilio de rabinos de Yammia que celebraron después de la destrucción del segundo Templo de Jerusalén en el año setenta. Allí fijaron el canon de la *Tenaj* o Biblia hebrea. A esta ciudad es a donde se trasladó el sanedrín y es allí donde comenzó el llamado judaísmo rabínico y se redactó la *Mishná*. A partir de entonces, la construcción del judaísmo es bien conocida con sus sucesivas etapas históricas y doctrinales que van mudando con el tiempo hasta llegar a la preponderancia cultural de la comunidad judía asquenazi y la aparición de un fundamentalismo religioso fuertemente dogmático, entre cuyas creencias sobresale la convicción de la revelación divina en la sagrada lengua hebrea palabra por palabra y letra a letra que quedó plasmada de modo inalterable en la *Torá*.

Hoy, cualquier texto cabalístico moderno se basa en esa sacralidad del alfabeto hebreo y sus veintidós letras, entre las cuales hay vocales como la famosa *alef*. Sin embargo, los lingüistas nos dicen que la lengua hebrea, como el resto de las otras lenguas semitas, no tenía vocales. La lengua hebrea proviene de la lengua fenicia, que se extiende desde el año 1200 a. de C. hasta el 250 de nuestra era aproximadamente, y de su alfabeto de veintidós letras que tampoco tenía vocales. Estas lenguas tienen el nombre común de *abyad* por tener la característica de ser consonánticas. Para leer estas lenguas, también el arameo o el siríaco son *abyad,* era el lector el que tenía que poner las vocales a partir del significado de la oración o del contexto. Posteriormente, para favorecer la lectura, se añadieron los símbolos diacríticos para indicar la pronunciación y diferenciar palabras homógrafas. El alfabeto hebreo data del siglo III a. de C. y toma las vocales del alfabeto griego que data del siglo IX a. de C. cuya fuente también es el alfabeto fenicio. Es por ello por lo que el alfabeto hebreo y el alfabeto griego se parecen tanto. A esto hay que añadir las distintas evoluciones del hebreo que hoy distingue las etapas del hebreo bíblico, el hebreo de la *Mishná,* el hebreo medieval y el hebreo moderno. Por otro lado, el hebreo dejó de ser utilizado, salvo para la liturgia, en el siglo IV y ya en Palestina, en la época de Jesús, había sido sustituido por el arameo. A partir de la diáspora, la lengua de la comunidad judía se dividió entre los que hablaban el yidis, los asquenazis asentados en centro Europa principalmente, y los que hablaban el ladino o judeoespañol, los sefardís asentados en la Península

Ibérica. Obviamente todas estas vicisitudes de una lengua de tres mil años de antigüedad cuestionan la creencia de que Yavéh dictó a Moisés, letra a letra, la *Torá.*

Por otro lado, hay que referirse a la cábala moderna esotérica, es decir, aquella que deriva de las escuelas ocultistas del siglo XIX y XX, en donde personas que ni son judías ni saben hebreo escriben libros de cábala. Valgan los ejemplos de Eliphas Levi (era el seudónimo del francés Alphonse Louis Constant) que vincula las veintidós cartas del tarot con las veintidós letras del alfabeto hebreo; de Dion Fortune (seudónimo de la británica Violet Mary Faith), autora de *La Cábala mística;* o de Israel Regardie (seudónimo del británico Francis Israel Regudy), que escribió *El árbol de la vida.* No es este pequeño resumen el lugar para analizar estos y otros trabajos de los autodenominados cabalistas, pero como tantas veces, basta comparar sus trabajos con el texto de sabiduría del *Zohar.* Valga como ejemplo de ignorancia la moderna numerología, que otorga a las letras valores numéricos, lo cual es una simpleza y una errónea comprensión de la valoración y relación matemática que los pitagóricos concedían a los sonidos. Obviamente relacionar la letra alef con el número uno solo pudo ocurrir después de que esta letra fuera tomada de la alfa griega. Otra incoherencia de esta llamada numerología la vemos si al usar la lengua española se le da el valor 3 a la letra c y, en cambio, si usamos el alfabeto griego habría que dar el valor 3 a la letra gamma. Es decir, que supuestamente hay una numerología distinta según a qué alfabeto se refiera.

Si apelamos a otras tradiciones, es evidente que el hebreo no es una lengua más sagrada que el sánscrito, el griego, el arameo, el japonés, el tibetano o el árabe, por poner otros ejemplos de lenguas también consideradas sacras. Lo mismo ocurre con lenguas hoy perdidas como la lengua egipcia faraónica. Respecto al árabe, recordemos que la revelación del Corán al Profeta fue en árabe y, por tanto, para los musulmanes esta lengua es sagrada. Valga también lo mismo para el antiguo sánscrito, la lengua de los sagrados Vedas o el griego, ya que en este idioma se celebraban los famosos Misterios de Eleusis. Valgan también los sonidos sagrados japoneses de los *kototama*. También el arameo es sagrado para muchos, pues en esta lengua Jesús de Nazaret impartió su enseñanza y reveló el Padre Nuestro. Para los monjes tibetanos su lengua es sagrada y para muchos budistas lo es la lengua pali en la que Buda impartió su enseñanza. La lista se alargaría con otros ejemplos, como la lengua de los aymaras andinos o la lengua amhárica de los etíopes. Recordemos también que para los nazis su lengua alemana era sagrada y algunos franceses también declararon que la suya lo era cuando la Virgen se apareció en Lourdes a una jovencita y la habló en francés al igual que lo hizo el arcángel Miguel con Juana de Arco.

Puede servirnos de ejemplo lo que podríamos llamar «otra cábala», es decir, la cábala sánscrita, pues para el estudio de los Vedas se utilizan una serie de ciencias auxiliares cuyo fin es la extracción del significado profundo de los textos. Las más importantes son:

- La fonética *(siksa)* que se refiere a la correcta pronunciación y al valor místico de la lengua sánscrita y su escritura.
- La gramática *(vyakarana)* referida a las correctas escritura y uso de la lengua.
- La recitación *(chandas)* que versa sobre la necesidad de recitar los textos rítmicamente adaptándolos a los distintos ritmos cósmicos y vitales.
- La etimología *(nirukta)* o estudio del origen de las palabras también desde la perspectiva simbólica y sagrada.

Como se ve, este sistema es muy similar al utilizado por la cábala, salvo que el estudio de los Vedas es mucho más antiguo que el de la *Torá*. Hoy en día, la lengua sánscrita se considera sagrada en el hinduismo y está aceptado que los mantras son palabras sagradas cuya pronunciación supone beneficios espirituales o psicológicos. Algunos tienen un significado, otros en cambio son solo sonidos. *Mantra* significa «herramienta para la mente» y se usaba dentro de un contexto litúrgico por medio de entonaciones rítmicas y repetitivas. El popular *om,* o más correctamente *aum,* es el sonido «semilla» del que nacen el resto de sonidos; es por este motivo por lo que tradicionalmente om siempre se pronunciaba junto a otra palabra que dinamiza dicha semilla.

No conviene olvidar tampoco que para los musulmanes El Corán es la palabra de Dios revelada en lengua árabe y una lectura de la famosa obra *Los Sufis,* de Idries Shah, muestra la existencia de una cábala de la lengua árabe enormemente potente y profunda. En esta misma línea, la obra de Ibn Arabi, *Los secretos de los Nombres de Dios,* pone en evidencia la fuerza mística de esta lengua. En el Antiguo Egipto, la base de *heka,* la magia, era el conocimiento y uso de la palabra sagrada.

Visto todo ello, se puede deducir que cualquier lengua es susceptible de ser sagrada pues está compuesta de sonidos y, efectivamente, son los sonidos emanados del Verbo, o *Logos,* los que pueden considerarse sagrados bajo ciertas condiciones. Por tanto, toda lengua tiene su cábala y ninguna es mejor para una persona que aquella con cuyos sonidos se empezó a formar su estructura cerebral; o sea, la «lengua materna», es decir, a partir del vínculo receptivo de sonido–significado en términos mentales y a partir de la experiencia emisora de hálito–sonido–estructura verbalizada en palabras con significado. En cuanto a la matemática y el poder del sonido, no hay mayor ni mejor ejemplo que la música y sus leyes armónicas. Ahí hay una cábala viva, pues una creación musical bien construida contiene matemática, combinaciones armónicas, belleza y capacidad modificadora. Es por este motivo que toda religión posee su propio patrimonio musical que además tiene la enorme virtud de sortear el intelecto y penetrar (si se le permite) en lo más profundo del ser humano y allí actuar benéficamente. Además, la música es universal, de modo que va más allá y actúa en cualquier persona independientemente de la lengua que hable.

Ese ocultismo antes mencionado tomó gran protagonismo con la Sociedad Teosófica y sus enseñanzas exclusivamente avaladas por unos supuestos psiquismos y por la mediumnidad. Sin embargo, sus postulados han llegado hasta hoy y, si bien ya fueron rebatidos por personajes de la talla de René Guénon, siguen siendo un ejemplo evidente de la anteriormente mencionada acumulación de comprensión deficiente. Veamos otro ejemplo.

## T.A.R.O.T.

Continuando con el tema de la cábala, el ocultismo del siglo XIX asoció la baraja del tarot a esta disciplina cuando en realidad no tienen nada que ver. El tarot es un *mutus liber,* es decir, un libro en imágenes muy propio de una época en la que muy pocos sabían leer y escribir. Además, determinados tipos de conocimiento eran preferentemente trasmitidos, según su nivel de importancia, primero oralmente, después en imágenes y por último por escrito. En lo que respecta al tarot que hoy conocemos de veintidós láminas, es un libro mudo que cuenta el relato de un viaje en donde el peregrino es la lámina de *El Loco* que recorre veintiún etapas divididas en tres ciclos de siete. Este pretendido vínculo entre tarot y cábala se lo debemos a Eliphas Levi, quien se llamaba realmente Alphonse Louis Constant (1810-1875), que, en París, a partir de 1851, se da a conocer como ocultista con ese seudónimo. Estamos en un momento histórico en el que las fuentes clásicas de un saber esotérico tradicional estaban siendo sustituidas por pretendidos conocimientos carentes de base. Ciertos círculos ocultistas franceses e ingleses y la aparición de sociedades como la Teosófica fueron la muestra de esta pérdida de contacto con el conocimiento esotérico sustituido por la aparición de doctrinas carentes de ninguna base sustentada en la sabiduría tradicional del *esóteros*.

Alphonse Louis Constant estudió teología y se ordenó como diácono. Después de un turbulento recorrido por el catolicismo como sacerdote y su paso por la política, se interesó por el ocultismo. Participó en los círculos y órdenes esotéricas que tanto proliferaron en esa época, fue miembro de la Sociedad Rosacruz in Anglia, ingresó también en la masonería y llegó a afirmar que se le apareció Apolonio de Tiana, el famoso mago de la antigüedad. Recordemos que en ese tiempo el espiritismo triunfaba con enorme fuerza y el contacto con maestros invisibles o personajes famosos del pasado se había extendido y popularizado. Alphonse se hacía llamar «el Mago» y, aunque no publicó nada sobre tarot, en su obra *Dogma y ritual de alta magia* vincula las veintidós letras del alfabeto hebreo con las láminas del tarot sin aportar nada que lo justificase; además él no sabía hebreo. Fue Gerard Encausse, más conocido como «Papus», el que continuó con esta idea que plasmó en su obra el *Tarot de los bohemios* y así empezó a difundirse este vínculo de las veintidós láminas con las letras del alfabeto hebreo a través de organizaciones ocultistas fundadas por él como la Facultad de Ciencias Herméticas o la Orden Cabalista de la Rosa Cruz. Sin embargo, en las obras fundacionales de la Rosacruz original que nace a inicios del siglo XVII, no se encuentra absolutamente nada sobre cábala.

No obstante, la cábala había entrado con fuerza dentro del enrevesado mundo ocultista del siglo XIX con su numerosísima cantidad de órdenes de todo tipo en la que el nombre rosacruz solía estar casi siempre presente. Sin embargo, las bases de estas órdenes eran masónicas si bien se centraban en la magia ceremonial elaborando para ello complejos rituales. De este modo, la cábala aparece dentro de dicha ritualística en la suposición de que posee una posible potencialidad mágica. Un ejemplo es el ritual conocido como «el pilar del medio» en alusión al pilar central del árbol de la vida cabalístico desarrollado por Isarael Regardie. Una de estas órdenes ocultistas triunfa sobre las demás, es la famosa *Hermetic Order of the Golden Dawn,* a la que pertenecieron desde Bram Stoker (el autor de *Drácula*), Arthur Manchen (también escritor especialista en novelas de terror y fantasía) o el Premio Nobel W. B. Yeats. Es un tiempo en el que en países como Francia, Inglaterra o Prusia, pertenecer a alguna de estas sociedades denotaba estatus social. Como hemos dicho, en esta época el espiritismo de Allan Kardec ((1804-1869) arrasa no solo entre las clases más humildes y menos formadas, también lo hace en los círculos ocultistas más elegantes y la validación del mediumnismo penetra entre los miembros de estas sociedades. A la Golden Dawn pertenecieron algunos de los más importantes constructores del ocultismo contemporáneo, como McGregor Mathers. Por cierto, McGregor fue invitado por Blavatsky a que la ayudara a fundar la Sociedad Teosófica, pero este se negó a colaborar con ella alegando su poca estabilidad psíquica y su errónea idea de incorporar al ideario esotérico occidental otro esoterismo proveniente de Oriente, del que Mathers dudaba. Otros miembros fueron Aleister Crowley, un personaje epatante que se definía a sí mismo como «La Bestia 666». Se salió pronto de la Golden Dawn y perteneció a la Ordo Orientis Templi, también de carácter masónico–rosacruz, hasta que decidió ser líder de su propia orden y fundó la Astrum Argentum. Su deriva siguió hasta declararse también (como no) él mismo médium, y afirmó «canalizar» a un sacerdote egipcio que le dictó algunos libros y le anunció que él sería el profeta de la nueva era. Terminó su vida entre acusaciones de organizar misas negras y el consumo de drogas. A él se le debe un libro y una baraja de tarot que lleva su nombre con un diseño de tipo psicodélico. Sin embargo, fue otro miembro destacado de la Golden Dawn el que influyó de modo más definitivo en la idea del tarot actual. Fue Arthur Edward Waite quien escribió un libro de tarot y, sobre todo, diseñó la baraja de que hoy es la más difundida y conocida en competencia con el *Tarot de Marsella;* esta baraja es la *Rider Waite.* Su principal aportación fue la de crear toda la imaginería alegórica de los arcanos menores. Hasta ese momento, el diez de espadas, por ejemplo, era solo eso, la imagen de diez espadas, pero Waite pone la imagen de una persona tumbada boca abajo en el suelo con diez espadas clavadas en su cuerpo. Obviamente la lectura de esta dramática alegoría es mucho más fácil de interpretar que la mera imagen de diez espadas. Waite escribió mucho sobre cábala, magia y ocultismo y llevó hasta límites fantásticos toda la mitología británica relacionada con los relatos artúricos, célticos y griálicos.

A poco que alguien conozca un poco de la enseñanza esotérica tradicional, le resulta evidente que no existe ninguna relación entre las láminas del tarot y la cábala. Pertenecen a sistemas ideológicos y de enseñanza muy diferentes. En las láminas de tarot de iconografía basada en el cristianismo y el clasicismo griego, no se vislumbra nada que tenga que ver con la mística judía, aunque bien sabemos que un sistema simbólico puede ser forzado todo lo que queramos hasta que se adapte al ideario que más convenga. En cambio, sí es evidente que podemos encontrar elementos que vinculan sus láminas al cristianismo y al clasicismo grecolatino e, incluso detrás de ellos, podemos hallar elementos propios del Antiguo Egipto. Además, reducir un sistema de conocimiento como la cábala que, en su origen, tiene un alto nivel filosófico y místico, a una herramienta mágica o adivinatoria, me parece propio de la ignorancia de quien desconoce ambos sistemas. Además, bien sabemos que hay muchas barajas antiguas que no tienen veintidós arcanos, por lo que en estos casos no tiene ningún sentido el vínculo con las veintidós letras del alfabeto hebreo. Esto se debe a que es en el Renacimiento cuando el nuevo interés por el hermetismo se amplía hacia la cábala. Pero si acudimos al *Tarot de Mantegna* propio del Renacimiento, no hallamos tampoco en él ningún elemento que podamos vincular a la cábala.

La aparición de este pseudoesoterismo basado en el ocultismo fue contestado y rebatido por personajes de la talla de René Guénon, Titus Burckhardt, Frithjof Schuon, William Stoddart, Ananda Coomaraswamy o Martin Lings, es decir, el grupo de representantes y difundidores de la llamada «tradición perenne». Estos pusieron en cuestión el andamiaje pseudoesotérico y pseudometafísico que apareció en esa época y que Guénon llamó «contrainiciático». La extensa, documentada y valiosa obra de los antes mencionados deja bien claro que los postulados emanados tanto de los teósofos como del ocultismo mágico de estas escuelas iba justo en dirección contraria a la sabiduría esotérica tradicional.

En cuanto al uso del tarot como herramienta de adivinación aparece sobre todo a partir de la época de la Revolución Francesa entre las clases altas como el divertimento de moda en el que destaca el peluquero de seudónimo Eteilla, sin embargo, ya había empezado a utilizarse para tal fin entre los gitanos nómadas. Eteilla pasó de ser un modesto fabricante de pelucas a convertirse en un personaje popular e imprescindible de los salones más exclusivos de París y diseñó su propia baraja con la que adivinaba el porvenir de las damas y caballeros de la alta alcurnia francesa; su baraja aún se conserva. En esa época y lugar también alcanzó gran popularidad otra adivina que se llamaba Madame Lenormand, que diseñó una baraja que también ha llegado hasta hoy. Es a partir de esta época cuando, impulsada por los círculos ocultistas antes mencionados, la baraja de tarot se convierte en el método más popular y extendido a la hora de escrutar el futuro. La posterior aportación de Waite antes mencionada de ilustrar los arcanos menores contribuyó enormemente a facilitar el uso del tarot para la adivinación.

Es evidente que la iconografía del tarot tiene la fuerza común a todas las ilustraciones alegóricas y ese es su gran valor. Toda alegoría, por definición está cargada de simbolismo. Todos tenemos claro que una imagen de un esqueleto con una guadaña es la alegoría de la muerte con sus propios símbolos del esqueleto o la guadaña. Y un símbolo tiene la capacidad de activar una idea mental reconocible que ya tiene un significado previo. Obviamente el tarot con sus veintidós láminas de fuerte contenido alegórico como *la Muerte, el Sol, la Fuerza, el Emperador,* etc., son inmediata y fácilmente asociadas a ideas previas y susceptibles de poner en marcha bien la intuición, bien la fantasía. Pero, el aludido *Tarot de Mantegna,* por ejemplo, también es capaz de provocar la estimulación intuitiva del mismo modo que puede hacerlo el *Tarot de Marsella;* o incluso puede hacerlo de un modo más intenso aún, pues sus cincuenta láminas y sus variados contenidos de alegorías ofrecen un panorama más amplio y diferente de oportunidades de interpretación. Imaginemos una tirada con el *Tarot de Mantegna* donde aparece la lámina de la *Musa de la Música,* la lámina de *la Retórica,* la lámina de *el Mercader* y la figura de *Apolo.* Ninguna de ellas está en el tarot «consensuado» actual de veintidós arcanos y, sin embargo, sus símbolos son muy capaces de estimular la mente de cualquier persona y poner en activo o su intuición o su imaginación. Es decir, no es el tarot de los veintidós arcanos considerado hoy como un patrón único con sus nombres y números asociados el instrumento de animación de la intuición, lo es cualquier imagen alegórica poderosa cuyos símbolos ofrezcan significados reconocibles a los que podamos otorgarles contenidos que hayamos consensuado previamente. El *Tarot de Mantegna* es la prueba.

Es la propia palabra «tarot» la que nos dice mucho de la función de estas láminas, el término es el resultado de la lectura de las letras griegas que figuran en un crismón cristiano. Leyendo en la dirección de las manecillas del reloj vemos: «tau» (t), «alfa»(a), «ro» (r), «omega» (o), y nuevamente «tau» (t) que indica un movimiento cíclico y perpetuo; es decir: t.a.r.o.t. Basta con ver la cruz–crismón de la imagen para comprobarlo. Su nombre ya nos revela su carácter cristiano. Es un *nomen sacrum* y se conoce como «cruz monogramática».

A su vez, las láminas del tarot son llamadas «arcanos», un término que viene del latín y que significa «oculto».

No se conoce con precisión el origen histórico del tarot. Las primeras crónicas son del siglo XIV y posiblemente llega a las costas mediterráneas de Europa traído por los cruzados. En esas crónicas se dice que su nombre en lengua sarracena es *naib* y que procede de sarracenia. Se percibe una similitud entre el término *naib* y la palabra española «naipe». Es en Italia en donde se encuentran la mayor concentración de barajas antiguas, llamadas entonces *trionfi*, como los *minchiate* de Florencia, el *tarocchino* de Bolonia, o las famosas barajas de *Mantegna* o *Visconti-Sforza* del siglo XV. Este es el antecedente más antiguo de los tarot actuales de setenta y ocho cartas con sus veintidós arcanos mayores. Sin embargo, esta baraja de *Visconti* carece de nombres ni tampoco tiene números.

Es en el siglo XVIII cuando un anónimo pintor marsellés, inspirándose en cartas anteriores, ilustra la baraja que hoy conocemos como *Tarot de Marsella*. Esta baraja es la que ha servido como referencia a todos los demás tarot posteriores. Tiene veintidós arcanos mayores a los que da un nombre y un número a cada lámina.

Se completa con los llamados arcanos menores, estos son cincuenta y seis cartas divididas en los «palos», alegoría de los elementos clásicos: oros, tierra; copas, agua; espadas, aire; bastos, fuego. En total setenta y ocho cartas. Al ser el más reciente y mejor conservado que ha llegado hasta hoy, fue tomado como referencia por los ocultistas franceses del siglo xix y principios del xx en cuanto a su numeración y a los nombres de las láminas. Naturalmente es falso atribuir a esta baraja la condición de «auténtica». El *Tarot de Marsella* fue editado en 1761 por Nicolás Conver, un fabricante de cartas marsellés que sin duda tuvo delante la copia del llamado *Tarot Español* que data de 1736 y que es una obra del italiano Giusseppe Ottone; esta baraja se conserva en el Museo Fournier de Vitoria. El *Tarot de Marsella* tiene pequeñas pero significativas variantes propias de los copistas sobre su antecesor, el *Tarot Español,* aunque como hemos dicho es casi seguro que Conver, para hacer su copia, tuviera delante el trabajo de Ottone. Hasta la aparición de la imprenta era muy común que cuando se realizaban unas copias de un manuscrito original, en cada una de esas copias se incluyera de modo intencionado una serie de errores diferentes en cada una de ellas. De este modo se podía rastrear el origen de la filtración de las siguientes copias que añadirían a su vez sus propios errores.

No hubo en origen una unificación en el nombre dado a las láminas del tarot ni tampoco en el número de láminas. El *Tarot Español* de Ottone y su copia, el *Tarot de Marsella,* son los que ya disponen para cada lámina de un número y un nombre que son los que hoy día se utilizan. Pero en muchos de los antiguos tarot italianos antes mencionados, aparecen otros nombres y numeraciones distintos. Por ejemplo, en el mencionado *Tarot de Mantegna* aparecen cartas que no figuran en el *Marsella* y en el de *Marsella* hay cartas que no están en el *Mantegna.* Así mismo tienen distinto nombre algunas láminas que se pueden reconocer en ambos como iguales. Esto demuestra que en origen no hubo un criterio único en el diseño y que cada autor reflejaba los símbolos, figuras y elementos que consideraba apropiados para elaborar su propia baraja de *trionfi*.

No hubo tampoco en origen un número fijo de arcanos. En los tarots italianos más antiguos hay diferentes números de láminas. Como hemos dicho, es el *Visconti–Sforza* el que muestra veintidós arcanos al igual que el *Marsella,* pero existen varias barajas de tarot que no tienen veintidós arcanos. Las barajas florentinas tienen cuarenta arcanos o el mencionado *Mantegna* tiene cincuenta. Asimismo, habiendo láminas iguales en estas barajas, están colocadas en lugares distintos y ordenadas de modo diferente. Es decir, tampoco hay una colocación y orden únicos. También esto ocurrió ya en fechas recientes. Cuando el *Tarot de Marsella* es ya el referente principal, en el siglo xx el ocultista inglés A. E. Waite decide cambiar en el tarot que él mismo diseña el orden de las láminas de *la Justicia* y *la Fuerza* respecto a la colocación que había en el *Tarot de Marsella.*

Tampoco hubo en el pasado una simbología unificada. Es en las diferentes barajas antiguas donde más se aprecia la enorme diversidad simbólica. Por ejemplo, en algunas aparecen los signos del zodiaco, planetas, figuras mitológicas, etc. Del mismo modo, muchas cartas comunes a las actuales estaban diseñadas con elementos simbólicos diferentes. El *Tarot de Mantegna* tiene láminas dedicadas a las musas, a la geometría, a la astrología, a la aritmética, a la retórica...

Como se ha dicho, el contenido alegórico de un tarot es principalmente cristiano con elementos de la mitología grecolatina. Por ejemplo, tenemos en el tarot las láminas de las cuatro virtudes cardinales: **Fortaleza,** la vemos en la lámina número 8 de *La Fuerza;* **Justicia,** la vemos en la lámina número 11 de *La Justicia;* **Templanza,** la vemos en la lámina número 14 de *La Templanza;*

**Prudencia,** la vemos en la lámina número 9 de *El Ermitaño*. También hay otras láminas claramente de contenido cristiano como la de *El Juicio* que representa la idea del «Juicio Final» cristiano o la de las láminas de *El Papa* o de *El Diablo*. También podemos ver figuras de santos como en la lámina de *El Loco,* donde podemos encontrarnos las características comunes a la figura de san Roque y en la de *El Ermitaño* podemos ver la imagen clásica de san Antonio Ermitaño. Otras aluden a mitos del clasicismo, como las láminas de *La Fortuna,* la de *Los Enamorados* con la presencia de Cupido, la lámina de *El Carro* o la representación clásica de *La Muerte* con la guadaña, etc. Antes he mencionado que se les dio a estas barajas el nombre de *trionfi.* Este término alude a un famoso poema de Petrarca, *I Trionfi,* y en él se refiere a una serie de figuras alegóricas virtuosas que triunfan sobre otras negativas en el recorrido que al alma hace hasta llegar a Dios. Sabemos que el gran poeta y filósofo italiano fusionó el viejo mundo grecolatino con el cristianismo. No es por tanto difícil ver la influencia de Petrarca en el tarot en tres aspectos: a) en cuanto a la unión del cristianismo y los mitos grecolatinos; b) la presencia de virtudes como las de las láminas de *La Fortaleza, Prudencia, Templanza,* y *Justicia,* que triunfan sobre la lámina de *El Diablo* o sirven para superar pruebas como la de *El Colgado;* c) el hecho de representar un recorrido o peregrinación del alma hasta llegar a Dios.

Petrarca es uno de los fundadores del humanismo y su capacidad de reflexión espiritual queda de manifiesto en su obra. Por último, hay que recordar que en el Renacimiento se utiliza profusamente en el arte el uso de la alegoría, es decir, de la plasmación pictórica o escultórica de una idea que, habitualmente representada en forma humana, puede ser moral, filosófica, humanista, científica, religiosa… el listado de esas alegorías es enorme y muchas de ellas, clásicas, podemos encontrarlas en las láminas del tarot. No es difícil ver que el tarot, con sus diferentes alegorías que nos han llegado hasta hoy, es hijo del Renacimiento, si bien es muy posible que posea un origen más antiguo que podemos rastrear hasta el Antiguo Egipto.

Es importante insistir que el t.a.r.o.t. es un *mutus liber* que muestra las sucesivas etapas de un recorrido y puesto que las diversas barajas formadas por diferentes alegorías son distintos libros en imágenes, su forma de relato es también diferente, de ahí que aparezcan gran variedad de símbolos, referencias, etc., aunque efectivamente hay una historia común de fondo, que es la del peregrinaje de *El Loco*. Sin embargo, hay un momento en el que se unifica este relato en forma de las veintidós imágenes que un ilustrador elige sobre otras y que luego son copiadas por los distintos copistas. Dado el carácter mítico–sagrado que se le ha dado en el cristianismo y en el clasicismo al número siete, este es la referencia numérica que recoge el tarot. El recorrido del loco-peregrino pasa por tres niveles de siete fases cada uno. El primer nivel es el del aprendiz, (láminas de la 1 a la 7), el segundo es el del discípulo (láminas de la 8 a la 14) y el tercero el de la maestría (láminas de la 15 a la 21), es decir, un código muy común y reconocible en esas épocas. A su vez, el t.a.r.o.t. entendido como camino entre el alfa y el omega, está íntimamente ligado a otro *mutus liber* esta vez mostrado como un juego: el juego de la oca. En este juego se muestra también muy claramente un recorrido con sus etapas, ayudas y pruebas. Sus etapas son las catorce ocas (incluida la del «jardín de la oca») las dos ayudas–puentes y dados y las cinco pruebas u obstáculos-posada, pozo, laberinto, cárcel y muerte. En total las veintiún etapas del tarot que recorre *El Loco*.

Creo que el tarot, como cualquier otra herramienta, más eficaz es cuanto más responde a su origen y función. La enorme carga simbólica y alegórica de los tarot, y me refiero no solo a los que repiten el mismo código de veintidós láminas con las mismas imágenes, es susceptible de aportar enseñanzas muy valiosas en el ámbito del *esóteros*. Y para eso lo mismo vale el de *Marsella* que el *Mantegna* u otro que tome como referencia las alegorías clásicas. Las barajas de tarot son *mutus liber* que hablan de lo mismo, un recorrido, pero que lo cuentan de modo diferente enfatizando en unos diseños determinadas cosas y en otros diseños, otras. Y para finalizar, dos cuestiones relativas al otro uso actual de este *mutus liber* por parte del ocultismo *new age*. La mirada de la poliédrica naturaleza humana hecha casi exclusivamente desde la psicología es algo muy moderno. Si tomamos como referencia los vínculos simbólicos del tarot, ni en el hermetismo, ni en el cristianismo, ni en el clasicismo, ni en el *esóteros* pitagórico, ni mucho menos en el Antiguo Egipto se aprecia esa lectura hecha exclusivamente en clave psicológica. El saber esotérico va por otro camino. El motivo es evidente: la psicología se refiere a la personalidad, a la persona, a la «máscara» y eso es justo lo que no trasciende y ya la sabiduría antigua lo sabía bien. Esto no significa que lo que pertenece a la psicología no tenga valor, lo tiene y mucho, pero pertenece a otro ámbito de conocimiento que ya queda integrado en un trabajo espiritual e iniciático verdadero. El *esóteros* tiene su centro de interés en lo que trasciende. Y el *mutus liber* del tarot tampoco responde en origen a esa clave psicológica, pues su concepción es iniciática. Por eso, como guía de viaje respecto al recorrido de un camino iniciático sí es muy útil. *El Loco* del tarot inicia su viaje como san Roque, el famoso santo peregrino en quien se basa su diseño, guiado por su perro, la estrella Sirio. Durante su viaje tendrá la herida de la pierna abierta en recuerdo y señal a los demás de cuando, como Jacob, luchó con el ángel que le hirió el muslo y cambió su nombre por el de Israel. Así, al igual que aquellos famosos locos de Dios, caminará con el bastón que le conecta con la realidad de sus pies cuando tenga la mirada alta y llevará solo un ligero equipaje sabiendo que, delante de él, se abre un espacio desconocido. Su primer encuentro será con *El Mago,* es decir, con

Hermes, que le mostrará las sutiles reglas del camino y como aprender a leerlas. Por tanto, es importante comprender que solo se puede seguir el viaje dentro del saber tradicional hermético y esotérico. Hoy existen docenas de libros sobre toda esa doctrina ocultista-cabalística-mágica-adivinatoria del tarot que para muchas personas pueden resultar interesantes, pero que poco pueden aportar a los que buscan un conocimiento real; el saber de la Tradición y del *esóteros* va por otro lado. Como siempre, es cuestión de discernir y elegir. Y, como siempre también, la diferencia está en el fruto. Ahora repasemos otras confusiones vertidas por el ocultismo y la *new age*.

## Prana, chakras y tantra

> *«La cruz representa la base de la estructura humana.*
> *La estructura profunda de todo ser humano está basada en una*
> *cruz, una cruz en el espacio, una cruz doble. Vista espacialmente*
> *tiene seis brazos y recubierta de flores, exactamente 954, esas*
> *flores o* chakras *son bocas de nutrición, algunos de estos* chakras
> *son dobles y otros, como el cardíaco, son triples».*
>
> Doménico

Si hay una idea que en ciertos idearios pseudo esotéricos ha prosperado es la de los *chakras,* y si bien es cierto que hay unos pocos textos tradicionales que hablan de ellos, estos los sitúan en su estricto contexto tántrico. Sin embargo, creo que es evidente que todo lo relativo a los *chakras* basado en el libro *Los chakras* de Leadbeater publicado en 1927 y avalado por la Sociedad Teosófica e implementado en el ideario de la nueva era, es fruto de la desinformación y de la ignorancia, cuando no de una pura invención. No está de más recordar que un personaje como Leadbeater ya despertó sospechas en su momento no solo por todos los increíbles poderes que afirmaba poseer o por la acusación y juicio que sufrió por pederastia, sino también por el hecho de que copió el sistema de «siete planetas» de Gichtel de su obra *Theosophia Practica* publicada a inicios del siglo XVIII, de la que incluso copió las ilustraciones de los «siete centros planetarios» que él transformó en los siete *chakras* que él afirmaba ver con sus poderes de clarividencia. Voy a recordar algunos datos para, en lo posible, aclarar ideas dentro del marco apropiado.

En el hinduismo tiene gran importancia el concepto *prana*, que significa «aliento vital» y viene a significar la energía vegetativa asociada a la vida y que no es perceptible a través de los sentidos, pero que actúa y está vinculada al cuerpo orgánico.

Uno de los grandes libros de sabiduría del hinduismo (y afirmaría que de la humanidad) el *Vivekacudamani*, o «La joya suprema del discernimiento», dedica una pequeña parte al *prana*. Esta obra escrita en sánscrito y que pertenece a la tradición del *advaita vedanta* se atribuye al sabio Shankara y fue redactada en el siglo VIII.

En el *Vivekacudamani* se describen los órganos de percepción sensorial sensibles, que son: la piel, las orejas, los ojos, la nariz, la lengua *(sloka 92)*.

A continuación, describe en el mismo *sloka* los órganos de la acción, que son: la palabra, las manos, las piernas (locomoción), los de la excreción y los de generación (sexuales).

También en número de cinco, el hinduismo menciona los *tanmatra* o elementos, que son: el éter, el aire, el fuego, la tierra y el agua.

Volviendo al *prana,* este es descrito como una suerte de fluido sutil informe.

Este *prana* participa de todo lo vivo. Este *prana* está también presente en el cuerpo y se manifiesta por medio de los cinco soplos que son:

- *Udana.* Esta energía o soplo se encuentra entre la nariz y la parte alta de la cabeza y está vinculada a la nariz, los ojos, los oídos y el cerebro.
- *Prana*. Esta energía o soplo se encuentra entre la nariz y el diafragma. Involucra la palabra, el corazón y los pulmones.
- *Samana.* Esta energía o soplo está ubicada en torno al plexo solar y la zona del estómago e hígado. Está involucrada en todo el proceso de nutrición del cuerpo y sus órganos.
- *Apana.* Esta energía o soplo llega hasta los pies y está involucrada en las funciones excretoras y de reproducción.
- *Vyana.* Esta energía o soplo se encuentra repartida por todo el cuerpo y es distribuida por medio de miles de canales o *nadis.*

Estos cinco soplos están conectados entre sí a través de la columna vertebral y forman las cinco ruedas de fuerza. Esta enseñanza está presente en todo el hinduismo y, lógicamente, también en el yoga vinculado a la enseñanza hinduista tradicional. Estos cinco centros también están mencionados brevemente en los *Upasnishads;* tanto en el *Brihadaranyaka Upanishad* como en el *Prasna Upanishads* se encuentran enseñanzas sobre el *prana* y los cinco soplos vitales.

Por último, cito la *sloka* 96:

Los cinco órganos de la acción [palabra, etc.], los cinco órganos de los sentidos [los ojos, etc.], los cinco elementos [fuego, etc.], los cinco *pranas* y el *buddhi*[3], la *adviya*[4] y *kama*[5], interrelacionándose, forman el cuerpo sutil.

---

3. *Buddhi:* es el discernimiento capaz de distinguir la verdad de lo que no lo es. Es un órgano supraconsciente de carácter intuitivo.

4. *Adviya:* es la ignorancia espiritual.

5. *Kama:* es el apego especialmente a la sensorialidad y a los deseos.

Hay que recordar que el *Yoga kundalini Upanishads* (s. ii d. de C.) menciona muy brevemente seis *chakras*. Muy posteriormente el *Yoga tattva Upanishads* (s. xv d. de C.) vuelve a mencionar muy brevemente también el nombre de los seis *chakras*. La diferencia es que los soplos se refieren al *prana*, mientras que los *chakras* se refieren a la *sakti*, es decir a la energía femenina. Es por eso por lo que en la tradición hinduista y budista el trabajo tántrico con la *sakti* lo hacían los hombres, ya que las mujeres tienen incorporada la *sakti* ya manifestada en su naturaleza. Por eso se dice que para la realización espiritual un hombre necesita a la mujer, pero la mujer no necesita a un hombre energéticamente hablando, aunque, si lo tiene, le será más fácil.

Como sabemos a través de estos textos tradicionales, los *chakras* se circunscriben exclusivamente dentro del tantrismo. El tantrismo es una de las diferentes corrientes y formas de entendimiento y práctica dentro del hinduismo y el budismo. *Tantra* es una palabra que significa «tejido o trama» y está basado en el culto a la *sakti*, la forma femenina de la divinidad. En el budismo, especialmente el tibetano, se centra en la integración de las dos energías. Hay que recordar que, en el Tibet, cuando llega el budismo, este se mezcla con la religión tradicional local, la *bon*, una religión animista, chamánica y mágica. Tomando como referencia el *tantra* hinduista, estas energías son la *sakti* femenina (se entiende en el hinduismo cualquier forma femenina de la divinidad, las *devis*, y son *sakti* todas las diosas) y Shiva, la masculina, en una unión entre ambas que en ciertas prácticas incluye la unión sexual entre un hombre que encarna a Shiva y una mujer que encarna la *sakti* en un ritual llamado *maituna*. En este ritual, la *sakti* lleva la iniciativa pues es la energía la que despierta la consciencia; es decir *sakti* despierta a Shiva. La finalidad tántrica es el encuentro con lo femenino, primero como energía y luego como principio cósmico. *Kundalini* es el nombre que recibe esa energía en la forma de la serpiente que, cuando se activa, es susceptible de nutrir la conciencia. En el hombre, esa energía se activa ante la presencia femenina de la *sakti*. El *tantra* es camino de vuelta; como el Uno se manifiesta en el dos masculino–femenino que se precisan; nuevamente a través del dos, se regresa al Uno.

Sin la *sakti,* el hombre no es capaz de comprender en su inmensidad el misterio de la creación ni la verdadera naturaleza de la mujer en sus tres aspectos: virgen, esposa y madre. En el cristianismo este principio se idealizó en la figura de María, si bien entre ciertos grupos gnósticos también se utilizó el sexo como forma de ascesis. Esta es la perspectiva en la que el cuerpo es utilizado como instrumento de realización.

Shiva, la conciencia individual precisa de la energía *sakti* para poder alcanzar la conciencia unificada. El tántrico elige qué tipo de energía utiliza para ese acceso, una de ellas es la sexual pero hay otras; por ejemplo, los monjes tibetanos no utilizan el sexo. En el hinduismo clásico esa energía femenina o *sakti* ha sido identificada especialmente con la diosa Kali, «la oscura», y hubo un tiempo en que sus seguidores usaron la energía de la violencia en su tantrismo que incluía sacrificios. A Kali se la presenta con aspecto fiero, de color negro, con una espada en la mano y rodeada de cráneos. Es por eso por lo que se ha hablado de un tantrismo de la «mano izquierda». Kali, es también señora de la vida y de la muerte. Como destructora, es capaz también de destruir el mal. Era habitual para algunos tántricos meditar en cementerios y rodeados de cadáveres.

En cuanto a los *chakras* de los que tan prudentemente hablan brevemente los *Upanishads* mencionados, en realidad son los depósitos de energía de esas fuerzas que el tantrismo utiliza y que están vinculados a los soplos del siguiente modo:

- *Chakra Ajna* (entrecejo) corresponde al soplo *Udana*.
- *Chakra Anahata* (pecho) corresponde al soplo *Prana*.

- *Chakra Manipura* (plexo) corresponde al soplo *Samana*.
- *Chakra Muladara* (perineo) corresponde al soplo *Apana*.
- *Chakra Svadistana* (ombligo) corresponde al soplo *Vyana*.

Desde *Vyana* (un poco debajo del ombligo, es decir, desde la raíz) este soplo vital se extiende por todo el cuerpo. Este punto llamado *hara* en Japón y *tan tien* en China es un punto de encuentro de numerosos nadis que forman un ovillo.

Aunque la tradición budista *Vayrayana* hace referencia a cinco *chakras* vemos que según los mencionados *Upanishads* falta un *chakra*, *Vishuda* (garganta), pero en los soplos estaría incluido en el soplo *Prana* que involucra el habla. Sin embargo, es cierto que entre el soplo de la cabeza y el del corazón se produce un encuentro entre ambos en la garganta que representa un paso. Dada la fuerza de la palabra, los tántricos la incluyeron en sus prácticas; un ejemplo del resultado de ello son esas voces *haricas* (de *hara*) japonesas o las de los lamas cuando recitan sus *sutras;* voces potentes, graves y profundas.

Algunas doctrinas tántricas hablan de otro centro que, sin embargo, está fuera del cuerpo, lo llaman *sahasrara,* y no está mencionado en los textos clásicos.

Sin embargo, debemos entender que numerar *chakras* o soplos, se debe más a una necesidad del ser humano para intentar entender y codificar mejor la información. Además, cada cultura, doctrina o época tiene sus propias referencias y preferencias. Hemos visto que en una época era muy importante la referencia a los siete planetas «presentes en las actividades del ser humano» pero era más importante aún la referida a las doce funciones asociadas a los doce signos zodiacales. Esa referencia a los siete planetas es la que toma Leadbeater de la obra de Gichtel *Teosofía Práctica* (s. XVII) para su famoso libro *Los chakras.* En mi opinión, Leadbeater era un farsante que manipuló y mezcló a su antojo conceptos que no entendía basando su supuesta autoridad en la afirmación de que él veía los susodichos *chakras* además de poseer otros muchos «poderes».

A su vez, a lo largo del tiempo, ciertas culturas y doctrinas priorizaron diferentes prácticas respecto a otras. Por ejemplo, la gran mayoría de corrientes budistas han priorizado la meditación sobre el trabajo tántrico, muy minoritario y difícil. Este trabajo tántrico hoy es lento y peligroso en el sentido de que es muy fácil la desviación en lo que se refiere al logro de objetivos.

Es cierto que este peligro no existe hoy para todas las personas que, en el marco de la *new age,* incluyen los *chakras* en todas sus prácticas. Dado que solo se usa la imaginación o la fantasía, ni se incurre en ninguna desviación ni se alcanza ningún logro salvo los derivados del ejercicio de la disciplina y de la constancia, o de la positividad inherente a una intención sincera. Toda práctica real y efectiva respecto al tantra y los *chakras* se asienta en unas complejas técnicas respiratorias que requieren mucha paciencia, disciplina y una guía muy experimentada. Requiere también asociada una severa ascesis con aislamiento silencioso, alimentación frugal con ayunos, prácticas exigentes de control sensorial, etc., es decir, una práctica dura y larga que requiere de modo imprescindible de un guía experimentado en unos entornos vitales muy difíciles de lograr en nuestra vida actual. Todo lo demás es pura fantasía.

En el rito *maituna,* es la *Sakti* la que se ofrece a Shiva para despertarlo, es ella la que ofrece su energía a él, que actúa como receptor. Es un acto de entrega, de generosidad, ella sabe que, sin su fuerza femenina, él no alcanzará el despertar último. Él, le entrega a ella su nivel de conciencia que ella absorbe y lo integra en su propia energía. El rito representa un intercambio entre conciencia y energía. Él es Shiva, la consciencia, la omnisciencia, el falo o *lingam,* es el tercer ojo que percibe más allá de la sensorialidad. Ella es Sakti en la forma de Devi y en ella están reunidas todas las diosas con sus diferentes funciones y variados símbolos. Cuanta más consciencia tiene él, más consciencia entrega; cuanta más conciencia tiene ella, más conciencia recibe; cuanta más energía tiene ella, más energía da, cuanta más energía tiene él, más energía recibe. *Maituna* funciona al contrario del acto sexual común; él toma las funciones de ella, actúa como receptor, y ella toma las funciones de él, actúa como emisor. El resultado es que ambos aumentan y regeneran sus dos formas energéticas, la masculina y la femenina. En la relación de *maituna* se puede producir esa transmisión e intercambio solo con contacto sensorial y sin penetración sexual, e incluso algunos textos o autores, hablan solo de una unión metafísica. La conquista final es el descubrimiento de que consciencia y energía son Uno.

Los seis *chakras* son ruedas móviles que concentran las energías antes mencionadas vinculadas a la nutrición con una función doble; la nutrición del respectivo *prana* a lo orgánico y la nutrición orgánica a lo pránico. Se conectan entre sí por medio del *nadi* principal *shusuma*. El *nadi* de la izquierda es el *ida* (femenino descendente) y el de la derecha *pingala* (masculino y ascendente). *Ida* gobierna lo vegetativo o lunar y *pingala* lo consciente o solar. Entre ambos existen puntos de conexión.

En la ingesta de alimentos o la respiración, además de la nutrición orgánica que aportan, tanto los alimentos (la mayoría de ellos) y el oxígeno, llevan *prana;* cuando este *prana* llega a los *chakras,* estos lo metabolizan, y lo devuelven en forma de un *prana* elaborado a los órganos que les corresponden.

Además de los situados en el eje–columna y que actúan en ambos lados del cuerpo equilibrándolo, hay además otros destacables como el del hígado–bazo o los que están en las articulaciones (muñecas, codos, hombres, tobillos, rodillas, caderas) o los que se sitúan al principio y final de la columna (coxis y última vértebra).

El maestro Doménico, nos habló de la existencia de más de novecientos de esos *chakras* divididos en familias, además de la presencia de *chakras* fuera del cuerpo. Solo queda añadir que los *chakras* cumplen una funciones muy específicas y limitadas. Sin embargo, y a otro nivel más elevado, hay que destacar todo el sistema lumínico que hay en la cabeza o el propio e importantísimo sistema lumínico del pecho, ambos de orden superior a los *chakras* en lo referido a funciones espirituales.

Recordemos los centros sutiles, los *lataif* del sufismo que se vinculan con la estructura o cuerpo espiritual del ser humano. Estos centros sutiles tienen distinto número según qué escuela sufí los cite, aunque lo común es que estén entre cinco y siete. Es muy interesante que en el sufismo estos centros estén vinculados a profetas como Jesús, Abraham, Mahoma, etc.; es decir las distintas manifestaciones vivientes y ejecutivas del conocimiento. La iconografía cristiana también ha representado los cuatro vivientes que rodean al corazón como los evangelistas, por eso es común ver la figura del tetramorfos, es decir a Jesús entronizado rodeado de los evangelistas que representan las cuatro grandes luces vivientes del pecho que rodean la luz principal central.

Desde mi punto de vista, la aparición del esquema cerrado, y diría que dogmático, sobre los siete *chakras* difundido por la teosofía y tomado a pie juntillas por la *new age* y que se aplica a todo, es un error que ha desvirtuado la naturaleza y el significado de los *chakras* sacándolos de su contexto tántrico y a los que se ha conferido una importancia desmesurada y desproporcionada. Es por ello por lo que no aparecen en ninguno de los más potentes sistemas de conocimiento, ni siquiera dentro del ámbito cultural de la India, pues no hay una sola palabra sobre *chakras* en el complejo sistema médico del *ayurveda*, tampoco ni una palabra de *chakras* en todo el Canon Pali budista, ni tampoco en los principales textos sagrados del hinduismo como el *Bhagavad Gita, Vivekasudamani, Angutara Nikaya,*

*Astravaka Gita, Yoga sutras de Patanjali,* etc. Por supuesto no hay tampoco una sola mención de *chakras* ni en el *esóteros,* ni en el taoísmo, ni en las religiones del Libro, ni en ninguno de las corrientes de conocimiento de Occidente, ni en la tradición alquímica, etc.

La estructura energética humana es enormemente compleja y va desde unos sistemas más generales a estructuras muy especializadas y precisas y abarca desde ámbitos exclusivamente orgánicos a otros de alto nivel espiritual. Así mismo, el dogma de los *chakras* aparecido en la *new age* ha hecho que otros referentes en el ámbito de otros sistemas de conocimiento hayan quedado relegados a pesar de ser muy valiosos y reveladores. Es por esto por lo que, en aras de recuperar enseñanzas tradicionales que tienen el aval de una sabiduría contrastada, sea preciso volver a las fuentes clásicas y revisar de vez en cuando conceptos e ideas para evitar errores, distorsiones o, simplemente, falsedades e imposturas.

En esta misma línea, y dentro del rico patrimonio de enseñanzas del hinduismo y el budismo, han sido las ideas de *karma* y reencarnación las que, de la mano de los teósofos, más han penetrado en Occidente. Por ello es de interés nuevamente valorarlas dentro de su contexto y al margen de la manipulación que estas ideas sufrieron al mezclarlas los teósofos, intencionadamente o no, con su filosofía protestante siendo esta mezcla la que llegó a Occidente y se instaló en muchas doctrinas pretendidamente esotéricas. Pero antes de abordar este tema, debemos exponer el riesgo que representan los sofistas.

## Sofistas antiguos y modernos

Ya dijo Aristóteles que «dialécticos y sofistas, en sus disquisiciones, se revisten de la apariencia de filósofos». Si acudimos a la historia, podemos ver que a los sofistas se les ha definido como los «profesionales de la virtud». Eran individuos especialistas en retórica y eruditos que se ganaban la vida mostrando a los demás cómo debían comportarse de modo virtuoso y aconsejándoles sobre cómo debían pensar. Uno de ellos, Protágoras (485–411 a. de C.), que en los libros de historia aparece como un filósofo, logró enorme fama y ganaba fortunas ejerciendo esa función de profesional de la filosofía. Sobre él nos escribe Platón, que le dedica uno de sus diálogos en el que le define como «profesor profesional de la virtud».

Debemos recordar que en aquellos tiempos la retórica era muy importante. La retórica era, y es, el modo de usar el lenguaje para el logro de objetivos, principalmente el de obtener el beneplácito de la audiencia a través de la persuasión por lo que, además del buen uso de la palabra, un retórico debía dominar también lo que hoy llamaríamos el «arte de comunicar», que naturalmente incluía el lenguaje no verbal, si bien lo más importante era la sólida construcción del discurso y la utilización de las palabras de un modo muy preciso con el fin de alcanzar el objetivo deseado.

Esta retórica se convirtió en todo un arte cuyo estudio y práctica se dividía en cuatro partes que comenzaba con un buen exordio que buscaba la atención y la docilidad del auditorio procurando prepararlo para que escuchasen aquello que esperaban oír. Seguía con la narración en la que el sofista apelaba en muchas ocasiones a sí mismo como ejemplo y la argumentación en la que a menudo se incluían sofismas, es decir argumentos capciosos que usan premisas falsas (lo más común) que llevaban a conclusiones erróneas con apariencia de verdad; esta parte estaba dedicada a los miembros del auditorio más mentales. Terminaba el discurso con la *peroratio* o parte final y resumen en la que se buscaba la complicidad con los oyentes a través principalmente del uso de soflamas destinadas a provocar respuestas emocionales.

Esta retórica pasó de ser una herramienta valiosa en el ámbito de la filosofía a convertirse en una enemiga de la verdad cuando algunos sofistas no dudaron en utilizar además de los sofismas también las falacias. Recordemos que una falacia es un razonamiento falso que busca tener apariencia de razonamiento correcto con el fin de ser convincente y lograr la persuasión del interlocutor o de la audiencia. Es decir, una mentira envuelta en aparentes verdades con el objetivo de alcanzar algún provecho.

En los primeros tiempos los sofistas fueron identificados como unos sabios, *sophos,* de inteligencia práctica, que enseñaban filosofía de corte relativista, pero con el tiempo fueron vistos con suspicacia y el término sofista empezó a ser sinónimo de charlatanería. Esto se debió a que la filosofía empezó a quedar en un segundo plano frente a la importancia que se le concedió a la retórica manipulada y porque esa profesionalización hizo que la distancia entre el discurso virtuoso y la acción virtuosa se hiciera cada vez mayor. Su rechazo aumentó tal vez por la enorme popularidad y riqueza que alcanzaron algunos sofistas, lo que se juntó al hecho de que vendían su sabiduría sin ningún escrúpulo. Al final, la atractiva estética de su retórica y la pretendida utilización práctica de la filosofía que preconizaban, en realidad solo ocultaban una vacuidad, ¿de qué sirve una hermosa exposición retórica si no hay detrás ningún mensaje de valor que lo justifique salvo el propio enriquecimiento del sofista? Por la suma de estos motivos fueron apartados y repudiados por las otras ramas de la filosofía.

Este rechazo a los sofistas se extendió en el tiempo y es curioso que en la mayoría de textos alquímicos y ocultistas clásicos entre los siglos XVI y XVIII se utiliza a menudo este término de sofista de un modo despectivo para referirse a los charlatanes de pretendida sabiduría y conocimientos ocultistas sobre los que los alquimistas advertían a los lectores respecto a sus engaños. Especialmente combativo contra los sofistas en sus escritos es Paracelso que, entre otras acusaciones, los llama «engañadores profesionales».

Es interesante recordar ahora a estos personajes del pasado, pues sorprendentemente han proliferado recientemente sofistas provistos de un gran arsenal de sofismas y falacias. Por un lado, los famosos oradores motivacionales (no sé si es la definición correcta) que reúnen grandes audiencias a las que venden a precios muy elevados su pretendida sabiduría y sus recetas de felicidad. Solo basta ver algunos de esos discursos para comprobar que, además de seguir al pie de la letra los principios de la retórica falaz, sin embargo, su puesta en escena es francamente atractiva y profesional.

El uso de la peor retórica, aquella que reúne la falacia y el sofisma, se sabe que es de uso cotidiano en el mensaje político desde hace siglos. También está muy presente y es usada con éxito desde hace años de modo muy eficaz y sencillo por populares predicadores. También es comúnmente utilizada en diversos medios de comunicación para apuntalar sutiles discursos de adoctrinamiento a favor de unas u otras ideas. Es sorprendente su nueva puesta en escena por parte de estos oradores que usan a discreción por un lado las viejas y clásicas habilidades del pasado, junto a las más modernas tecnologías de puesta en escena ante audiencias masivas que se han perfeccionado hasta alcanzar altísimas cotas en el arte de la manipulación.

Esta impactante puesta en escena, un comunicador carismático, el uso profesional de la mejor retórica clásica y los más avanzados y modernos medios audiovisuales junto a un mensaje que la audiencia esté deseando escuchar, hacen verdaderamente difícil que esa audiencia repare en los sofismas y falacias con los que el mensaje pueda estar construido. Y obviamente, la audiencia suele quedar prácticamente indefensa frente a todo ese potente arsenal perfectamente montado y engrasado.

Fuera de la indudable y espectacular profesionalidad tan sofista de estos oradores, respecto a los contenidos de sus discursos, es evidente que estos serán validados o no por su audiencia en relación a la naturaleza emotiva, inteligencia, situación personal, necesidad, criterio, etc., de los receptores del mismo y, lógicamente, a su entendimiento y capacidad de discernimiento respecto a si lo que escuchan son elaboradas falacias y sofisticados sofismas sin ningún valor. Es decir, nada distinto a lo que ocurría entonces. Estos mismos sistemas propios de los sofistas también son utilizados sin reparos, pero con gran éxito, por muchos divulgadores y auto declarados «gurús» de la nueva era. Aunque parezca mentira, desde aquel siglo v a. de C. en el que son descritos aquellos primeros sofistas hasta hoy, parece que no haya pasado el tiempo.

Dijo Sófocles que «el alma buena y que quiere justicia descubre más que cualquier sofista». Mi impresión es que el tipo de audiencia de los sofistas sigue siendo la misma entonces que en la época de Paracelso o ahora; por otro lado, siempre ha habido también almas buenas y justas que no necesitan sofistas. Gracias a Dios, siempre podremos defendernos de ellos a través del criterio y del discernimiento. Además, hoy en día tenemos la suerte de disponer de la posibilidad y la libertad de optar por mantenernos alejados de sus falacias y sofismas. Asimismo, contamos con la inestimable y sabia aportación de la filosofía tradicional y del conocimiento honesto de psicólogos, antropólogos, filósofos o humanistas de distinto signo que por fortuna están instalados en la ética y plantan cara a sus falacias y manipulaciones.

# Preguntas, premisas y verdades asequibles

*«La verdad es aquello que produce resultados».*
Buda

Otra dificultad en la Vía resulta precisamente de su sencillez aunada a la dificultad que esa misma sencillez procura. Y la más importante reside en la necesidad urgente de disponer de verdades.

Decían los filósofos del pasado, y lo ratifica la experiencia, que no hay respuestas correctas si no hay preguntas correctas. Un ejemplo de pregunta incorrecta sería «¿por qué es amarilla la sangre humana?» ya que parte de una premisa falsa. Más allá de esta simpleza, lo cierto es que muchas de las preguntas que rodean el ámbito de la metafísica son muy parecidas, pues parten de premisas cuestionables cuando no falsas. Un buen amigo me preguntó sobre la verdad, y mi respuesta fue un tanto «egipcia», es decir, le contesté que la verdad es que el sol sale por el este, que de la semilla de un melón solo puede salir un melón, que los humanos tenemos la sangre roja, que de la unión de una cabra y un burro no nacerá nada, o que podemos respirar oxígeno, pero no metano. Solo a partir de verdades sencillas y alcanzables para la razón y los sentidos se puede avanzar a partir de la formulación correcta de preguntas también correctas que descansen en premisas verdaderas, aún si eso significa «bajar hasta el escalón de los cimientos» de una premisa no cuestionable y, a partir de ella, avanzar. Solo a partir de las verdades asequibles, esas verdades sencillas que están tan a la vista, que parecen escondidas, se puede comenzar. Pero precisamente, esa facilidad para acceder a ellas hace que o bien pasen desapercibidas o sean ignoradas. Todo el mundo sabe que el sol sale por el este, que la sangre es roja o que un manzano da manzanas en vez de castañas. No hay ningún misterio en ello y el interés entonces se dirige hacia otro lado. O tal vez resulte que detrás de esas evidencias que todos conocemos, precisamente allí, se oculte el misterio. Los egipcios, a ese misterio divino que se oculta «estando a la vista de todos», lo llamaron Amón, «el oculto».

Una pregunta elaborada sobre premisas falsas solo lleva a un callejón sin salida, y lo peor de todo ocurre cuando, para encontrar esa salida, se apela a la fantasía o a complejas elucubraciones como alternativa que no llevan a ningún lado.

Decían los egipcios que lo que los ojos ven, lo que los oídos oyen y lo que la nariz respira: todo ello es comunicado al corazón. Esto significa que existe un camino directo que pasa desde la sensorialidad hasta el corazón sin pasar por los contenidos de la mente, los cuales adoptan la forma de creencias o ideologías capaces de interrumpir y alterar las verdades de lo obvio como las mencionadas anteriormente. Otro factor de modificación de la verdad de lo obvio es el miedo. Es decir, que tanto las creencias e ideologías como el miedo son capaces de no ver que la sangre es roja y convertirla en amarilla. Otro factor modificador es la aceptación y validación de informaciones falsas que, lógicamente, se utilizan para elaborar premisas igualmente falsas. Del mismo modo que se necesita volver a las verdades sencillas, la validación de una información precisa volver y acceder a su fuente, examinarla y validarla después.

Cualquier buen profesor de filosofía, tan maltratada hoy en la enseñanza, es capaz de explicar magníficamente que significa el arte de pensar, y me estoy refiriendo a lo más básico, sin añadir ningún componente ni trascendente ni metafísico. Desde la filosofía, podemos abordar y ejercitar el arte de pensar desde la lógica, la razón, etc.; o, de modo más cercano y cotidiano, por medio del sentido común. Y de nuevo, es imposible pensar correctamente partiendo de premisas falsas.

Otro aspecto importante que también hay que tener presente es que el oído escucha y obedece la mayoría de las veces sin reparar en aquello a lo que está obedeciendo. La sola escucha no discrimina. Solo lo hace el discernimiento. Quiero recordar aquí un cuento chino muy famoso.

Un hombre ya anciano quiso antes de morir visitar la ciudad de sus antepasados, donde nació, y que había abandonado siendo muy pequeño.

Para ello se unió a una caravana que iba hacia esa tierra lejana. Después de varios días de viaje preguntaba si ya faltaba poco para llegar; le contestaban que aún estaban lejos y él, al cabo de otro par de días volvía a preguntar. De este modo pasaron varias semanas. Un día que preguntó de nuevo, recibió la contestación de que detrás de unas colinas cercanas se encontraba su aldea. El anciano se emocionó. Según llegaron, el anciano se puso a orar en el cementerio a sus antepasados. Sin embargo, a su espalda escuchó unas risas. Estas se debían a que todo había sido una broma que se había ganado por su insistencia y le informaron de que todavía faltaba una semana para llegar a su aldea.

Al llegar la noche, el anciano, serio y silencioso, se retiró a cenar apartado de los demás. Estos, viéndole así, decidieron mandar un mensajero para que, en nombre de todos, le pidiera perdón. Al llegar el enviado junto al anciano se inició el siguiente diálogo:

—En nombre de todos te pido perdón, por favor únete a nosotros como todas las noches y no sigas enfadado.

—La verdad es que no estoy enfadado —respondió el anciano.

—¿Entonces, por qué estás aquí solo y en silencio?

—La razón es que me he hecho una pregunta y no encuentro la respuesta.

—¿Y qué pregunta es esa?

—Pues, ¿cómo hechos falsos pueden provocar emociones verdaderas?

La respuesta a esta pregunta nos la da la sabiduría tradicional señalando al oído que obedece sin aplicar el discernimiento, esa facultad tan valorada en el *advaita vedanta* y que se llama *viveka*. Un discernimiento que evita que el oído obedezca inercialmente a lo que se ajusta a los contenidos mentales y las creencias prestadas que no se asientan en la verdad de lo obvio o, lo que es peor, que obedezca y valide informaciones falsas. El anciano escuchó y obedeció de modo natural a lo que le dijeron pues, tal vez inconscientemente, tenía concedida una previa credibilidad a la fuente de la que recibió esa información falsa. Una información que le llevó a rezar a muertos ajenos.

Según el hinduismo vivimos en el *kali yuga,* o sea, la edad de la confusión, de la ignorancia y de la corrupción de la verdad. Hoy la sociedad tiene a disposición más fuentes de información que nunca y nunca antes estas habían sido ni más contradictorias ni más falsas. Más que nunca se hace absolutamente necesario aplicar el *viveka* y empezar partiendo de esas «verdades de lo obvio» y asequibles.

Al final, la verdad empieza por aquello que puedo experimentar como que si planto una semilla de melón me saldrá un melón y no una zanahoria y, solo a partir de ese punto se puede avanzar. Sabemos que la mente menor y el intelecto llegan a donde llegan, pero no es menos cierto que para realizar el paso desde el intelecto a la inteligencia (entendida esta como el acceso a la comprensión que lleva al conocimiento) antes se necesita un intelecto sano y eficiente que parta de las verdades reales que están a su alcance, es decir a partir de la aplicación de la sencillez, entendida esta como una poderosa llave de acceso capaz de llegar a la raíz de las cosas y de eliminar lo superfluo. Además, es necesario entender que, desde la fantasía, al carecer de base en lo real, es imposible que se pueda acceder a lo cierto, sabiendo que la verdad, es decir, aquellas verdades asequibles emanadas de la Verdad, solo habitan en lo Real. Por eso es siempre bueno aplicar aquello que nos explicaban los filósofos: empezar a hacerse las preguntas correctas basadas en premisas acertadas; y lo que nos dice la sabiduría tradicional: comenzar por la sencillez de las verdades asequibles. Hay que recordar que el tránsito en la Vía se sostiene, respecto a la mente, en el sentido común, en tener los pies en el suelo y en la ligereza de hacer provisionales creencias y juicios. Lo que se ha definido como «conocimiento» solo viene después, pues su naturaleza es distinta. Mientras, tenemos el saber prestado del mundo que conviene empezar a saber relativizarlo y a usarlo adecuadamente. Empezaremos cuestionando algunas ideas hoy en boga.

## Memorias, herencia cultural y creencias: alma y reencarnación

*«Si quieres ver la verdad de algo, no mantengas ninguna opinión ni a favor ni en contra de nada».*
Seng Tsan

Como sabemos, somos hijos de nuestra cultura y de los elementos constitutivos y referentes mentales que hemos adquirido de ella. En este sentido nos vale el ejemplo de alma, un concepto que debemos originalmente a Platón, que es estructurado y elaborado por Aristóteles y llevado con éxito al cristianismo por san Agustín, quien declara que esta es inmortal. Esta idea ha triunfado y se toma en Occidente como un referente indiscutible. Sin embargo, otras corrientes de pensamiento no avalan esa idea de inmortalidad, por ejemplo, Buda afirmaba que no existe nada que sea imperecedero; también tenemos muchas corrientes del judaísmo para las que el alma no existe. En el otro lado tenemos el ejemplo del concepto egipcio del *ka,* un elemento constitutivo del ser humano imprescindible en su ideario y que hoy ha desaparecido como referente en los idearios filosóficos y religiosos actuales.

Es importante entender que hay todo un catálogo de contextos y premisas filosófico-religiosas que difieren entre sí y que, aunque estemos alejados culturalmente de muchas de ellas, eso no significa que no aporten elementos de reflexión muy valiosos, al respecto, valga el ejemplo de las memorias. La enseñanza sufí nos habla del *tab*, o «naturaleza genética heredada», la estructura material transmitida. Dice Attar, el gran maestro sufí: «¿Qué es el *tab*?, pasar de barro a barro como el asno que repite el mismo camino una y otra vez». Ese «barro a barro» es la transmisión genética no solo de padres a hijos, sino que contiene la de innumerables antepasados. También habla de ello Rumi: «No hagas de tu *tab* el amo de tu intelecto… quítale a él todo y dáselo a tu espíritu… hace años que vives esclavo de tu asno, basta ya, no seas esclavo de tu borrico condenándote a seguirle». Para el sufismo, muchas tendencias nocivas del individuo son debidas a esa obediencia al barro, al *tab*.

En el hinduismo tenemos también algo parecido, pues al estar el cuerpo formado de los elementos de tierra, agua, aire, fuego y éter, vinculados respectivamente a la sensorialidad del tacto, del gusto, del oído, de la vista y del olfato, dichos elementos guardan una memoria que es transmitida barro a barro. En el antiguo Egipto aparece una idea muy similar, es aquella en la que el *neter* Knum, el alfarero que modela los cuerpos, utiliza el barro en el que se han convertido los cadáveres de los fallecidos. El material de construcción, la materia orgánica, es el mismo que se recicla una y otra vez y este conserva una memoria residual. En el sufismo, ese *tab* es el responsable de las más bajas pasiones humanas, de sus vicios y violencia, pues en la transmisión barro a barro se va corrompiendo si no es purificado. A continuación del *tab* aparece el *nafs* o «yo», el ego, pero muchas veces las características de la naturaleza genética dominan sobre el *nafs*. Este *nafs,* o yo egoico, se va constituyendo a partir de la herencia genética traída al nacer junto a las experiencias vitales, tipo de educación, entornos familiares y sociales, etc. En el *nafs* habitan los deseos e inclinaciones y el intelecto, ambos asociados. Hay que entender que ese intelecto se refiere a los «puntos de vista», a la subjetividad del pensamiento razonador vinculado a la tendencia del *nafs* hacia la autosatisfacción. En unas personas ese intelecto es el dominante en su *nafs* y en otros lo es su necesidad constante de satisfacción. Los maestros sufís siempre han considerado inútil intentar dominar o vencer al *nafs:* como dice la enseñanza sufí «no se puede luchar contra el *nafs* con y desde el mismo *nafs*». Todo comienza con la conciencia íntima y el entendimiento de cómo el *nafs* tiene el dominio de nuestra vida; a partir de ahí, aparece una sutil rebelión en la que se comienza con desobedecerle y así, poco a poco, se alcanza el dominio sobre el *nafs* sin que se produzca su destrucción. Significa pasar de ser el prisionero y servidor del *nafs,* a ser su dueño y ponerlo al servicio propio. En el sufismo no hay avance espiritual si no desaparece la escucha a la llamada del *tab* o si el dominio del *nafs* esclaviza al individuo.

Volviendo al principio, tomemos un ejemplo. Sorprendentemente, hoy triunfa en el ideario teórico más comúnmente difundido la doctrina de las memorias de vidas pasadas, lo cual implica la aceptación de gran cantidad de premisas previas, como la de que poseemos un alma inmortal, que dicha alma puede ser condicionada en su naturaleza trascendente, que la individualidad espiritual carga con memorias contingentes, etc. Sin embargo, hay otras hipótesis defendidas por otras culturas y doctrinas que dicen que esas memorias residen exclusivamente en lo orgánico; vienen de la materia y viven en ella. Otras doctrinas y filosofías cuestionan a partir de razonamientos sólidos que es metafísicamente imposible esa transmisión de memoria de una vida a otra, siempre aceptando además que esa premisa e hipótesis de distintas vidas de un alma inmortal sea la correcta. Como sabemos, el catálogo de doctrinas respecto a lo que sucede *post mortem* es enormemente variado y muy diferenciado entre sí; valga lo mencionado de que para Buda no existe un alma inmortal o que el cristianismo no contempla la idea de la reencarnación.

También sabemos que, respecto a esas diferentes hipótesis, su triunfo va variando según qué épocas y culturas. Hoy podemos rastrear un buen número de hipótesis valiosas de doctrinas, creencias religiosas y filosofías, cada una de ellas con su propio relato diferente y, a veces, contradictorio, sobre la naturaleza del hombre y sobre las grandes preguntas metafísicas. Lo interesante es que cada una de ellas (dejo de lado muchas que no se sostienen ni intelectual ni espiritualmente) ofrece un sistema de creencias razonablemente asumible por el intelecto y que son confortables ética y emocionalmente, si bien es cierto que siempre han triunfado más aquellas que muestran dosis más altas de esperanza a futuro referido al más allá y las que proporcionan menor complejidad interpretativa. Dicho esto, y volviendo a lo ya mencionado, lo cierto es que la mayoría de las personas optan por las de su entorno cultural y social dominante o por aquellas que están en auge. Como ejemplo tenemos la de la difusión y aceptación de la idea de la reencarnación divulgada por los movimientos *new age* y elaborada por la Sociedad Teosófica, que trataré más adelante.

A veces, se produce el proceso de tratar de validar doctrinas divulgando falsamente que estas ideas ya estaban presentes en credos más potentes e instalados socialmente. Después de que se extendiera por Occidente la idea de la reencarnación traída por los teósofos, fueron comunes los intentos de demostrar que esta idea ya estaba presente en el cristianismo en tiempos pasados. Esto hasta cierto punto resulta lógico, dado el origen cristiano protestante de los teósofos y la necesidad para muchos de encontrar una conciliación entre sistemas religiosos diferentes o, sobre todo, por encontrar un aval en el cristianismo a esta doctrina.

Sin embargo, no hay en el origen del cristianismo nada que lo justifique, ni en los evangelios, tanto canónicos como apócrifos, ni en *Hechos de los Apóstoles,* cartas de san Pablo, etc., tampoco en la enseñanza de Jesús. Aquella afirmación a Nicodemo sobre «volver a nacer», es evidente que se refiere al segundo nacimiento, un concepto bien conocido en el Antiguo Egipto y dentro del pensamiento esotérico y que no se refiere a la reencarnación. Además, el cristianismo toma algunas bases doctrinales del judaísmo y en esta religión tampoco está presente la idea de la reencarnación. Sin embargo, sobre todo desde principios del siglo II, la influencia helenística se hace presente en el cristianismo y en ciertas corrientes, no todas, del pensamiento griego, sí aparecía la doctrina de la *metempsicosis* que, por otro lado, tiene notables diferencias conceptuales con las ideas orientales de la reencarnación y con las que proponen los teósofos y toma luego la pseudoreligión de la nueva era. Es decir, que cuando esta doctrina aparece, es porque es incorporada por los griegos, no porque sea de origen cristiano. La *metempsicosis* está presente en Grecia desde épocas antiguas, (más o menos desde el siglo VI a.de C.), pero basta conocer un poco de la filosofía griega para saber que no era compartida por todas las corrientes de pensamiento, y eso se evidencia rotundamente con Aristóteles, que no la contempla al desarrollar su tesis sobre la inmortalidad del alma. Es en el orfismo y el pitagorismo donde podemos encontrar algo parecido a la idea de la reencarnación, pero con una enorme diferencia conceptual, ya que el planteamiento inicial se debe a la búsqueda de una respuesta al debate sobre la preexistencia del alma y, por decirlo de un modo muy sintético, la concepción triple de espíritu–alma–cuerpo de estas doctrinas marcan una diferencia muy grande respecto a la de alma-cuerpo y, por tanto, la complejidad de los postulados órficos y pitagóricos va más allá de la idea de la reencarnación teosófica. Además, debemos contar con que los textos que se conservan de estas escuelas son muy pocos y tenemos sobre ellos más especulaciones que certezas, por ejemplo, en los famosos *Versos Áureos* pitagóricos no se encuentra la idea de la reencarnación.

Con esto quiero señalar que cuando se dice que los órficos creían en la reencarnación, no significa en absoluto que creyeran en esa idea concreta de la reencarnación de la nueva era o teosófica, pues es evidente que parten de principios diferentes y de contextos doctrinales distintos.

Algunas fuentes que proponen esa hipótesis afirman que en el concilio de Constantinopla se trata el tema de la reencarnación y que Orígenes defendía esa idea. Creo que es una forma de forzar la historia, porque en ese concilio principalmente se trata el grave problema que representaba el arrianismo. En esos primeros siglos del cristianismo se debaten sobre todo las disputas cristológicas acerca de las naturalezas, divina y humana, de Jesús y su integración en una misma persona, y sobre la Trinidad y la naturaleza de su composición una y trina. Sobre estos temas es sobre lo que giran, y es constatable por las actas de cánones de los concilios y sus debates en los que se lucha por imponer unas u otras doctrinas al respecto. Algunos defensores de que el antiguo cristianismo contenía la idea de la reencarnación dicen que Justiniano manda eliminar de los textos tanto del Antiguo como Nuevo Testamento las referencias a esta, pero no hay una sola prueba de ello. Además, es fundamental comprender la propia coherencia interna de una creencia o doctrina. La idea de la reencarnación es muy coherente dentro del hinduismo, pues esta doctrina permite avalar la perversa estructura social de las castas, pero no es coherente en absoluto con los planteamientos filosóficos y teológicos cristianos donde prevalece la idea de la resurrección. En el Concilio II de Constantinopla, donde supuestamente se dicta contra la reencarnación, es cierto que se debaten las tesis de Orígenes, del cual poseemos pocos escritos, pero no olvidemos que Orígenes es discípulo de Amonio Saccas, al igual que Plotino, por lo que la *Eneada IV* de Plotino sobre el alma nos da una enorme información sobre el debate de la pre existencia de las almas que, en ningún caso se refiere a la reencarnación. Tampoco hay pruebas concluyentes de que este tema fuera tratado en el concilio, pues las divergencias con algunos otros de los planteamientos de Orígenes eran más importantes.

El estudio de las grandes disputas teológicas de los siglos IV y V demuestran que la idea de la metempsicosis tenía una mínima relevancia frente al cúmulo de asuntos doctrinales a los que en aquella época se enfrentaban, sobre todo los que concernían a la divinidad de Jesús, a la naturaleza de la Salvación y a la Resurrección.

No hay que olvidar que si el helenismo, por medio de Aristóteles principalmente, aporta la idea de «alma», el cristianismo hace lo propio con la de «espíritu», marcando una diferencia entre ambos conceptos que implica la necesidad de incorporar un nuevo elemento doctrinal en un marco teológico. Además, conceptos tales como el de las emanaciones, o «procesiones», del *Logos,* en donde reside la conciencia de la individualidad, la naturaleza de las distintas sustancias divinas y su expresión en el ser humano, o la existencia de un Alma Universal previa a las almas individualizadas, son premisas que los distintos filósofos helenistas–cristianos tuvieron presentes, entre otras muchas, en sus aportaciones doctrinales.

Por resumir, existía debate entre los que consideraban que el alma nacía a la vez que el cuerpo (como un fuego) fruto de la presencia del espíritu en la carne y los que consideraban que, en cambio, el alma era preexistente y emanada del *Logos* como forma pura. Asimismo, otros creían que esas almas al salir del *Logos* iban perdiendo su pureza según descendían y, en ese descenso, ya adquirían pecado. Pero no se consideraba en absoluto que esas almas tuvieran ya una individualidad consciente ni que gozasen de volición.

Orígenes fue un pensador excepcional, un místico y uno de los grandes teólogos del cristianismo y, desde luego, conocía la propuesta de la *metempsicosis,* o transmigración de las almas, y en uno de los pocos escritos que se conservan, dice expresamente en una carta que la idea de la reencarnación no es compatible con el cristianismo. Repito que, para cualquier filósofo y teólogo de la época, la idea de la *metempsicosis* era bien conocida y basta para ello leer a Platón o *El tratado del alma* de Aristóteles, que la ignora al igual que san Agustín. Pero por eso mismo no había necesidad de ocultarla o prohibirla, sobre todo dentro del contexto filosófico en donde se desarrolla el cristianismo. Y, repito, Aristóteles es la prueba en lo que respecta a la filosofía griega y Orígenes y san Agustín en lo que respecta al cristianismo, sin olvidar las aportaciones de Plotino.

Es evidente que, sencillamente, los cristianos dejan de lado la idea de la reencarnación de un modo perfectamente consciente, porque la consideran superada o de menor contenido y aportación que otros planteamientos metafísicos que suponen de más valor y más importantes. El hecho de que la idea de la *metempsicosis* o reencarnación dejara de ser considerada no se debe al dictamen de ningún concilio, sino a que la filosofía griega y la teología cristiana elaboran y se preocupan de otros aspectos doctrinales que consideraron de mayor valor filosófico y espiritual.

Tampoco hay que olvidar la irrupción del maniqueísmo en el siglo III, que también promulga la idea de la reencarnación, pero desde la perspectiva de que esta representa una condenación y un castigo doloroso por lo que significa volver a caer en la materia. Esta idea estuvo muy presente en doctrinas posteriores, como por ejemplo entre grupos de ideología maniquea como los cátaros. En el hinduismo, precisamente por su necesidad de justificar la doctrina de las castas, la reencarnación es una salida digamos que «evolutiva», al igual que lo es para las creencias de la nueva era, pero para los maniqueos la reencarnación es profundamente involutiva.

Precisamente Orígenes o san Agustín, posiblemente los más importantes constructores del cristianismo junto a san Pablo, se proponen demostrar la superioridad filosófica y metafísica del cristianismo respecto al ideario pagano que incluía la *metempsicosis* en su discurso. Otro ejemplo lo tenemos en el hermetismo, con su fuente en la religión egipcia y de claro contenido helenístico, que tampoco considera la reencarnación, como es palpable en su literatura clásica si leemos el *Poimandrés* y el Asclepios del *Corpus Hermeticum*.

No se comprende la necesidad de ponerle al cristianismo, o a cualquier otra religión, ideas que no son suyas, en el entendimiento de que todas las religiones tienen sus propias aportaciones y, justo ahí, es donde reside su valor. Debido precisamente a esas diferencias, es más fácil para cada persona elegir su propio marco de creencias y el cristianismo tiene las suyas bien definidas.

En este sentido, una de las principales aportaciones del cristianismo (luego también del islam) es que plantea otra alternativa a la idea de la reencarnación. Y esto no es nuevo, pues ya está presente en el sistema doctrinal del Antiguo Egipto y luego aparece en las enseñanzas del hermetismo, de las escuelas alquímicas, la de los rosacruces (me refiero a los textos originales fundacionales[6] y no a los grupos modernos con ese nombre), etc., movimientos y escuelas iniciáticas que muy poco tienen en común con el relato del teosofísmo y la nueva era.

La doctrina de la reencarnación ha sido fuertemente cuestionada desde distintas perspectivas y planteamientos filosóficos y religiosos y desde tiempos remotos, sobre todo a partir de un argumento. Este argumento se refiere a una cuestión. En el año 1920 habitaban el planeta 1900 millones de personas; en 2020, éramos 7500 millones de personas. Eso significa que, lógicamente, solo podrían reencarnar los 1900 millones de personas que vivían en ese momento

---

6. Estos textos fundacionales son *Fama Fraternitatis, La Confessio* y *Las bodas alquímicas de Christian Rosencreutz*, obras editadas en Alemania a principios del siglo XVII en las que no se halla ni rastro de la idea de reencarnación, algo que sí ocurre en las modernas órdenes rosacruces que toman esta idea de los teósofos y la incorporan en sus idearios.

(eso sin contar con que algunas de esas personas hubieran evitado volver a reencarnar); por tanto, la pregunta es ¿de dónde salen los 5600 millones de almas que hay de diferencia entre las personas encarnadas en 1920 y las 7500 del 2020? ¿o es que hay miles de millones de personas que no tienen alma? Esta es la argumentación que utilizó Tertuliano para combatir la hipótesis de la reencarnación y a la que hasta hoy no se ha dado respuesta.

Atendiendo a este dato, eso significaría que el 75 % de personas que viven ahora son, valga la expresión, «almas nuevas» y, por tanto, sería imposible que recordasen nada de vidas pasadas por muchas regresiones y registros *akáshicos*[7] que les hiciesen.

Respecto a los posibles recuerdos de otras vidas argumentados por corrientes *new age,* creo que los trabajos de Freud al respecto y estudios de la psicología actual sobre los falsos recuerdos o la implantación de recuerdos me parecen argumentos sólidos como para encontrar en ellos explicaciones suficientes. Y cualquier persona que haya tomado sustancias que provocan estados alterados de conciencia sabe de la distorsión de los recuerdos y la memoria, de la apariencia real de la fantasía o de la alteración del espacio y del tiempo.

Como bien sabemos, las personas aceptamos más fácilmente y validamos aquellas informaciones que confirman nuestras creencias previas. La creencia de la reencarnación según la expone la teosofía, que hoy es la imperante en la nueva era, se caracteriza por ser muy cómoda de asumir, pues siempre se puede encontrar en vidas pasadas razones que explican la vida de ahora y siempre queda otra vida después para arreglar lo pendiente; y por carecer de complejidad, ya que es comprensible para cualquier tipo de intelecto y si además es confirmada por recuerdos, regresiones o lecturas de registros, su implantación en un sistema de creencias resulta muy fácil, sobre

---

7. Sobre este concepto y su manipulación se puede consultar mi obra *La impostura de la nueva era.*

todo si una persona no ha sido capaz de encontrar respuestas a preguntas existenciales en otros sistemas religiosos o filosóficos o si dichas respuestas les resultan complejas y asociadas a la exigencia de cierto nivel de comprensión.

La mayoría de las personas necesitan tener respuestas a las preguntas existenciales y no hay pregunta mayor que la que se refiere a la muerte. Poder dar una respuesta satisfactoria a una pregunta de este calado es un gran alivio que nos proporciona seguridad y nos hace estar mejor con nosotros mismos porque «ya sabemos». Esto es verdaderamente cómodo, pues en cuanto validamos una teoría desaparece la duda y la inseguridad de la incertidumbre.

Sin embargo, bien sabemos lo que significa el confundir lo válido con lo verdadero, por lo menos para los que aspiran a seguir la Vía. Una cosa es que una hipótesis nos valga y otra que sea verdadera, aunque es bien cierto que para muchas personas el que valga ya es suficiente. Pero justo desde la perspectiva de la Vía, el lugar de donde se parte es muy diferente: en la Vía se parte del no saber, de la duda y de la perplejidad. Y se empieza a entender que no hay respuesta correcta si la pregunta no es correcta.

Por mi parte nunca he encontrado ninguna justificación de cierto calado ni a nivel filosófico ni teológico respecto a esta doctrina de la reencarnación de la nueva era, pues la repetición de las revelaciones de los presuntos maestros que dictaban a sus canalizadores y que se van transmitiendo tal cual por cursos, libros, o por otros canalizadores, en mi opinión carecen de valor. No sé si alguien seguidor de la nueva era ha contrargumentado a su vez la tesis que expuso Tertuliano, la cual es usada desde antiguo especialmente entre las religiones del Libro. La verdad es que lo veo difícil, pues en mi opinión, un debate serio en términos espirituales entre lo que sostiene la nueva era y el contenido profundo de cualquier religión, da igual la que sea, deja en evidencia la endeblez de unos postulados de tan bajo nivel filosófico y espiritual que considero ya insostenibles, siendo conveniente dejarlos atrás.

Por otro lado tenemos autores de enorme calibre dentro de la tradición esotérica desde René Guénon[8] hasta Whitall N.Perry[9] pasando por Coomaraswamy[10] o Frithjof Schuon[11], todos profundos conocedores de las tradiciones del hinduismo y del budismo, que cuestionan la validez de la idea reencarnatoria de la nueva era.

En mi opinión es justo este relato de la *new age* el de mayor pobreza filosófica, con más carencias de conocimiento y sabiduría y con una ausencia preocupante de espiritualidad real. Además, su propio origen alejado de una enseñanza auténtica lleva aparejado el peligro de convertirse en ese tipo de pensamiento cerrado que impide ir hacia niveles más altos de comprensión, algo que, en el contexto correcto de las religiones nacidas de una fuente espiritual verdadera no ocurriría, pues estas, en su entendimiento justo, si permiten avanzar hacia mayores comprensiones.

En cuanto al ideario sobre el más allá, es un tema personal delicado y es, en sí mismo, muy complejo y requiere premisas, contextos y conceptos previos sólidos sobre los que partir. El más allá pertenece al ámbito del misterio, al último velo de la existencia, el cual es imposible descorrer si antes no se han levantado otros velos anteriores que no son accesibles para el «yo». Pero volvamos al tema

---

8.    A este tema de la reencarnación dedica este profundo estudioso del esoterismo un extenso y clarificador capítulo en su obra *L 'Erreur Spirite*.

9.    En su obra *La reencarnación: hechos y fantasías leemos:* «No hay ninguna esencia particular que se reencarne, dice el *Milinda Pana*, y esto basta para recordar como afirma el *Satapatha Brahmana* que «los muertos han partido de una vez por todas».

10.    Dejó escrito Coomaraswamy en su obra *Gradation, Evolution and Reincarnation:* «La reencarnación, tal como se entiende actualmente en el sentido de un retorno de las almas individuales a otros cuerpos aquí en la Tierra, no es una doctrina india ortodoxa, sino tan solo una creencia popular». También añadió: «*Los brahamanes* no saben nada de semejante doctrina» o «No es necesario recordar que un budista rechaza la idea del paso del ego de una reencarnación a otra».

11.    Por su parte, Schuon dejó escrito en su obra *De la unidad trascendente de las religiones* «... la imposibilidad metafísica de la reencarnación».

144

del alma, posiblemente el concepto más implantado, aceptado e incuestionado de toda la metafísica occidental.

## La idea del alma

Desde la remota antigüedad el ser humano se ha esforzado en dar respuestas, explicaciones e interpretaciones a todo lo que le rodea y especialmente respecto a aquello vinculado a lo trascendente. Por ello ha elaborado multitud de teorías, conceptos e idearios que dibujan unos escenarios doctrinales, más o menos sólidos, más o menos coherentes, y que son aceptados mayoritariamente o que pierden validez o vigencia ante otros que se imponen. Valga el ejemplo de la idea del *ka,* fundamental dentro del pensamiento trascendente egipcio y que hoy es irrelevante. Especialmente significativos son los relatos respecto a lo que ocurre después de la muerte, en donde aparecen doctrinas completamente contrapuestas, pero donde vemos que todas se esfuerzan en mostrar un relato convincente. Al final, la realidad es que en la actualidad disponemos de un enorme arsenal ideológico a disposición para elegir aquellas hipótesis que nos sean más convincentes, eso sin olvidar que muchas personas convierten dichas hipótesis en «verdades». En la Vía, toda hipótesis es provisional.

En relación con lo mencionado anteriormente tenemos la idea de alma. Muchas veces usamos términos que, cuando menos, resultan polisémicos en función de las doctrinas o ideas que los sustentan. Un ejemplo es la palabra «alma» que, en realidad, y según qué doctrina o filósofo la describe, puede significar una cosa u otra. Valga, por ejemplo, san Agustín, el gran teólogo del cristianismo, para el que el alma no era anterior al cuerpo, sino que nacía con él. Según otras doctrinas distintas, el alma es anterior al cuerpo y, además, es eterna. Para el cristianismo, el alma no es el principio más elevado, ese es el espíritu y, por sintetizar, el alma sería una suerte de elemento conector y vitalizante entre el cuerpo y el espíritu y realiza su función asociada al cuerpo durante la duración de la vida. Alma viene del término latino *anima* y significa «lo que está animado», es decir, «lo que está vivo». En esta línea de pensamiento tenemos a Aristóteles, que afirma en su *Tratado sobre el alma* que ese principio vital determina en el ser humano su identidad como viviente, así como su individualidad. A su vez, durante la vida, alma y cuerpo son indivisibles. Platón nos habla de la triplicidad del alma: una vinculada a los apetitos más básicos que reside en el abdomen, otra vinculada a las pasiones y emociones con sede en el pecho y la que él llama alma racional, que reside en la cabeza. Es Platón el principal responsable de la idea de un alma eterna, como podemos ver en su famoso diálogo *Fedón o Sobre el alma,* en el que contaba que el alma estaba atrapada en el cuerpo. Otros filósofos griegos, en cambio, afirmaron que el alma era mortal y desaparecía también al ocurrir la muerte. Platón, curiosamente, plantea una hipótesis muy cercana a la que encontramos en las religiones de Oriente en su famoso mito de la caverna: la condición ilusoria de la vida humana o *maya.*

En el islam existe un concepto espiritual de índole conceptual más amplio que se llama *ruh.* Este *ruh* es el que le da Allah a Adán cuando lo crea. Por tanto, le pertenece a él. Se dice en el islam que el cuerpo es la mezquita del *ruh.* Este *ruh* penetra en el feto en el cuarto mes de embarazo traído por el ángel Yibril, Gabriel, y sobre él se posan las «cuatro palabras» de Allah que determinan su vida. Ese *ruh* procede del aliento de Allah y su naturaleza es sutil y etérea. Diferente en naturaleza al *ruh,* es el *nafs* que podemos definirlo como «yo» o «ego». A su vez, el *nafs* es triple, uno que se inclina al mal y a la ignorancia; otro *nafs* que es capaz de modificar su conducta y corregir sus malas inclinaciones y un *nafs* capaz de aceptar lo real y obrar el bien.

Según el judaísmo, el alma viene a ser la naturaleza verdadera espiritual de un individuo y se manifestaría en cinco aspectos: el alma instintiva *(nefesh)*, el espíritu *(ruah)*, el aliento *(neshamá)*, (los tres más importantes) la vida *(jaia)* y la individualidad *(lejida)*. Además, distinguen ese *anima* animal que habita en el individuo del alma espiritual propia únicamente del ser humano. Al igual que en el alma animal residen todos los impulsos vitales de supervivencia, sexo, miedos, etc., en el alma espiritual habita el anhelo de unión con Dios. También la parte más elevada, *neshema*, le pertenece a Dios. Como es bien sabido, en las religiones del Libro, cristianismo, judaísmo e islam, no aparece la idea de la reencarnación. En cambio, en algunas escuelas de pensamiento griegas, se aceptaba la idea de una suerte de reencarnación llamada *metempsicosis*. Se basa en esa triplicidad, heredada por el cristianismo, de cuerpo, alma y espíritu y se entendía que ciertos aspectos anímicos o del alma (no la individualidad ni el espíritu) no desaparecían y podían volver a aparecer en otros seres vivos.

Respecto a las doctrinas de Oriente, se han hecho esfuerzos para encontrar en ellas conceptos que puedan ser asimilables a las ideas occidentales antes mencionadas y la verdad es que no es fácil. Igualmente, en cuanto al Antiguo Egipto, conceptos como *ka*, *ba* o *aj* no pueden ser asimilados fácilmente al concepto de alma que nos dejaron Aristóteles y Platón y que luego fue cristianizado por san Agustín.

Hay que recordar que en el budismo no existe el alma. Para Buda, este mundo que definimos como «realidad» es ilusorio y, por tanto, impermanente y carente de sustancia real. No existe, por ello, un alma eterna ni un «yo» permanente. Esto evidencia que, por ejemplo, la idea de reencarnación extendida hoy en Occidente es una distorsión muy alejada de la idea budista. La idea de la reencarnación difundida hoy sí requiere la existencia de una individualidad permanente y lo más habitual es que a esa individualidad se la identifique como un alma entendida a la manera cristiana.

Por su parte en el hinduismo, sobre todo, en la escuela filosófica del *vedanta* existe el concepto *atman* que ha sido traducido como «ser», un término muy utilizado en la actualidad. No es fácil trasladar las ideas que tiene este concepto en el hinduismo a las concepciones relativas al alma.

Si bien el *atman* es la esencia individual que todos tenemos, ese *atman* es incondicionado por lo fenoménico. Esto es porque *atman* es la divinidad individualizada emanada de Brahman, el Absoluto, el Uno, y que es el origen de todo *atman*. Sin embargo, es idéntico y de la misma naturaleza que Brahman. *Atman* carece de los elementos característicos de la naturaleza humana y no es afectado por ella y, desde luego, permanece inmutable respecto a lo fenoménico y a lo impermanente. *Atman* y Brahman son Uno, aunque hay velos que los separan.

Esto lo diferencia de modo definitivo de la idea de un alma con características propias de un «yo» con volición como los deseos aspiracionales, por ejemplo, la aspiración a la salvación de un cristiano o la aspiración de liberarse de ciclos reencarnatorios de un hindú. Esta idea de alma requiere que, de algún modo, esta conserve señas identificativas de un «yo» condicionado por su experiencia vital, memoria, sensaciones, creencias, etc. En el *atman* nada de eso está presente ni le condiciona.

La mayor coincidencia de nuestra idea occidental de alma con una hinduista es con la de *jiva*. Es ese *jiva* el que en el hinduismo se reencarna. Sin embargo, *jiva* pertenece también a lo fenoménico e irreal y, por tanto, la propia reencarnación pertenece a lo irreal, a *maya,* y forma parte de la misma ilusión del «yo». *Atman,* perteneciendo a lo Real, no se puede reencarnar.

Según *El Yoga Sutra de Patanjali* estos son los factores que provocan la separación entre *jiva* y *atman:* la ignorancia (referida especialmente a la comprensión defectuosa y a la fantasía); la aversión (lo que la mente y el yo rechazan); el deseo (lo que la mente y el yo ansían); la individualidad (el «yo» separado del Uno); y el instinto de supervivencia y la necesidad de actuar (todo acto genera un efecto en el marco de lo fenoménico, de tal modo, que lo alimenta).

Volviendo a los griegos, una pequeña reflexión respecto al alma no estaría completa sin mencionar a Plotino y a su *Eneada IV* dedicada al alma que merece ser leída. Recordemos que Plotino (203-270) no es solo uno de los más grandes filósofos, sino que se le puede calificar como un maestro espiritual.

Sin embargo, ya comenté al inicio que disponer de unas creencias u otras, en realidad carece de relevancia en lo referido al crecimiento espiritual, salvo que esas creencias sean dañinas para el individuo o que se tornen dogmáticas y provoquen el estado de ignorancia espiritual, es decir, ese estado en el que se «está en posesión de la verdad» y se cierra la puerta a cualquier otra cosa que no encaje con la verdad subjetiva.

Al igual que se puede validar o no la idea de alma, ocurre lo mismo con las ideas respecto a qué ocurre después de la muerte, las cuales van, desde  las propuestas por los antiguos egipcios, hasta las más recientes. Sea como fuere, lo cierto es que todas las religiones nos han aportado su propio relato del más allá, si bien difieren y mucho entre sí.

Hagamos un repaso de las hipótesis más extendidas volviendo ahora con la reactualización de la antigua idea de la reencarnación tan presente hoy en las creencias de la nueva era.

# El yo y la reencarnación

Independientemente del distinto relato metafísico al cual cada persona haya optado respecto a la idea de reencarnación, bien sea la explicación budista, la hinduista, la *metempsicosis*, la transmigración de las almas u otras similares, lo cierto es que, en lo referido a lo Real, dado que el yo es ilusorio, solo mientras esa ilusión permanece, existe la reencarnación, también por tanto ilusoria en lo referido a lo que Es y a lo Real. Por eso los grandes maestros y las verdaderas escuelas iniciáticas han dejado de lado el tema de la reencarnación para que lo ilusorio no reciba más sustento y que haya mayor presencia en el aquí y el ahora en esta oportunidad de vida.

En cuanto a su recuerdo, Dios ha concedido al hombre el privilegio de olvidar un pasado que no proporciona ya ningún fruto real, favoreciendo la oportunidad de vivir el presente de un modo más pleno e intenso. Ya si la vida presente, vivida desde la ilusión del yo, tiende a ser entendida e interpretada bajo la visión ilusoria, ese pasado, que ya ni siquiera forma parte de esta ilusión inmediata, representa solo un nuevo marco ilusorio añadido, tan inútil como irrelevante, y del que, por tanto, es más difícil escapar. El mero intento de explicar esta ilusión del presente, que es ahora viviente, por medio de otras ilusiones pasadas solo genera un incremento en la intensidad ilusoria y procura que la confusión solo aumente.

La inmersión en *maya* genera en el ser humano la ilusión del «yo» que se considera permanente ante el miedo a la pérdida de identidad o a una extinción del yo. El yo ilusorio, carente de libertad pues está sometido al deseo y al miedo, queda pues encadenado al *samsara* o rueda de existencias.

Ese yo se identifica con el cuerpo, con las emociones, con la mente, sus estados y contenidos y, por tanto, con su biografía. Todo ello robustece a ese «yo» alimentando la ilusión. Cuanto más alimentadas están estas identificaciones, más intensa será su inmersión en el *maya*.

Desde este plano, si la idea de reencarnación está presente y operativa en algunas personas, sin embargo, dado que tenemos aquí ya, haciéndolo vivo, el fruto de ese pasado, ¿qué utilidad tiene incidir en ello? A la hora de recordar, el recuerdo de Dios basta. Dada la unidireccionalidad del trabajo en Dios, cualquier otro recuerdo que no sea el de Él representa un obstáculo.

Pero hay que volver a la hipótesis actual hoy vigente entre muchas personas que comparten las doctrinas de la nueva era y que podemos resumirla en las siguientes premisas:

- Se valida la idea de existencia de un ente inmortal, comúnmente parecido al concepto cristiano de alma, que conserva después de la muerte su consciencia individual asociada a la memoria. En esta hipótesis, el recordar las vidas pasadas adquiere un valor explicativo y condicionante a lo que acontece en la presente. Según este modelo, las impresiones de las sucesivas vidas se van acumulando engrosando una memoria tan grande como el de número de vidas vividas.

- Dicho ente o alma encontrará después de la muerte un cuerpo nuevo que le permitirá una nueva vida para seguir un proceso de aprendizaje y perfeccionamiento. En ciertas corrientes de la nueva era, esa alma incluso elige de qué padres nace, cuál va a ser su entorno social y económico, etc. En este caso se supone que el alma posee volición, capacidad decisoria independiente y soberana y claro criterio en la elección. En la nueva vida adquirida se pagan errores o faltas cometidos en vidas pasadas *(karma)*, pero también se reciben recompensas por actos beneficiosos realizados. Los nuevos errores cometidos se pagarán en las siguientes vidas y así sucesivamente.

- Según esta doctrina se supone que en cada vida se ha mejorado respecto a la anterior. La sucesiva secuencia de reencarnaciones tiene un componente de perfeccionamiento y aprendizaje, por lo que se desprende que cada vida mejora la anterior sobre todo si se acepta la idea de que se han elegido adecuadamente los contextos en los que nacer (tipo de padres, condiciones sociales de entorno económico y cultural, el lugar de nacimiento, etc.) para que resulten favorables a ese fin de perfeccionamiento.

Como se ve, en esta hipótesis reencarnatoria, ciertamente sencilla y fácil de comprender y asumir, vigente desde su confección por los espiritistas primero y teósofos después, no se manejan conceptos filosóficos de calado como la preexistencia de las almas, o el de la voluntad divina pero, sobre todo, parte de la premisa de la inmortalidad de ese ente que reencarna en el que hay una continuidad de conciencia y memoria. Tanto espiritistas y teósofos cimentaban estos argumentos tanto en el mediumnismo como en sus «poderes» pero siempre dentro del marco de la idea del alma inmortal tomada del cristianismo.

Sin embargo, esta idea ya fue cuestionada en el pasado especialmente por el budismo que no aceptaba la idea de un ente inmortal entendido como una continuidad asociada a la vida fenoménica. Precisamente, la propuesta de la reencarnación actual parte de premisas muy cuestionables, como la de esa «continuidad», la asociación de consciencia e individualidad con la memoria o la sorprendente capacidad electiva de esa alma que se supone imperfecta al tener que seguir reencarnando y que prevalece sobre otras ideas presentes en el marco espiritual clásico como es el designio divino. Otros elementos que no quedan bien explicados es el propio origen del alma y qué atributos o limitaciones tiene, si hay finitud o no del número de reencarnaciones o como conviven el peso acumulativo y condicionante de memorias pasadas en el inconsciente, como es posible la elección previa de contextos vitales, el pago de culpas, recogida de beneficios o el principio del libre albedrío. Y, sobre todo, no se explica cómo el alma, de naturaleza, en principio, trascendente, tiene entre sus componentes la memoria asociada a una experiencia sensitiva, a unas emociones y a un sistema de creencias obtenidos en un marco no trascendente, un marco definido en el hinduismo y el budismo como «fenoménico e irreal». A su vez, queda también por explicar cómo y por qué sobrevive esa memoria y cuanta memoria es capaz de soportar un alma, pues no es fácil entender como conviven en la misma alma las sucesivas individualidades que ya «han sido», cada una de ellas con sus propios rasgos y sus respectivas memorias. Tampoco queda claro si además del alma existe o no otro principio espiritual de orden superior y, si es así, cuanta autonomía o dependencia hay entre ambos principios y cual es prevalente sobre el otro. Tampoco parece que esté definida la salida de ese ciclo reencarnatorio. En el ámbito de las doctrinas de la nueva era, esa salida parece referirse a intentar resolver conflictos del pasado que, en otras doctrinas ni existen ni son condicionantes. Hablo de esta idea de «salir de la rueda de las reencarnaciones» porque está presente en el hinduismo y en el budismo, si bien de distintas formas. En el hinduismo la única salida para escapar del ciclo reencarnatorio es reencarnar en una casta superior después de acumular méritos y en el budismo a través de alcanzar el *nirvana*. Recordemos que Buda pone en marcha la rueda del *dharma* con lo que abre otra vía diferente a la de la rueda de las reencarnaciones asociada al *karma*, el *samsara*, propuesta por el hinduismo.

La doctrina del cristianismo y el islam difieren completamente de la propuesta reencarnatoria. Hay que recordar que en el cristianismo y en el islam, el nuevo ser que nace lo hace en las mejores condiciones de pureza y sin pasado, es decir, en él no hay *karma*.

En ambas religiones está presente la idea previa del pecado original común a la especie humana, pero en el cristianismo incluso esto es borrado con el bautismo con el fin de que la vida se viva sin ningún condicionante o pasado en un entorno que, en cambio, es el elegido por Dios. No hay pecados del pasado y mucho menos pecados condicionantes.

El cristianismo, especialmente, enfatiza con total claridad el rompimiento con las doctrinas reencarnatorias, pues precisamente toda su base se asienta en la doctrina de la Resurrección. Si algo distingue al cristianismo es la enseñanza y la Buena Nueva de Jesús Resucitado. Justo es esta idea una revolución respecto al pasado y una de las claves de la expansión del cristianismo. Como se dijo anteriormente, debemos recordar que en el helenismo estaba fuertemente instalada la idea de la *metempsicosis,* otra de las hipótesis también dentro del marco de la reencarnación.

La idea de reencarnación que postula un perfeccionamiento constante en cada vida se sitúa en el polo opuesto de la idea de reencarnación maniquea muy difundida e influyente en su momento. En esta hipótesis, cada vida es una nueva caída más profunda en la materia y por tanto un fracaso, la reencarnación no es para ellos evolutiva, es involutiva. Cada vida entonces significaba una mayor distancia con Dios, una mayor disposición al pecado, especialmente los de la carne y, además, cada nuevo nacimiento llevaba aparejado mayor dolor y sufrimiento que la anterior. Por eso la única salida era la máxima purificación asociada a una vida ascética llena de ayunos, renuncias materiales y celibato absoluto; solo de este modo se podían librar de las cadenas del mundo material. En el sexo estaba reflejado el mayor de los pecados y la mayor atadura al mundo. Este ideario es el que luego siguieron los famosos cátaros, los «puros». También entre los gnósticos, sobre todo entre los que adoptan el ideario maniqueo, prevalece esta idea de la reencarnación involutiva.

Los órficos, uno de los más importantes cultos mistéricos, también consideraban la reencarnación como una suerte de castigo perenne y eterno para las almas no iniciadas en sus misterios. Tuvieron gran influencia en los posteriores idearios *post mortem,* ya que los principales personajes asociados a su culto, como Dionisio o Perséfone y su propio fundador, Orfeo, habían descendido al infierno y regresado conociendo los misterios del más allá. A ellos debemos la idea original de alma que luego toma Platón y desarrolla Aristóteles, la cual es definida como una chispa divina llamada *psiché.* Esta es a su vez la que toman definitivamente los cristianos, sobre todo por medio de san Agustín que afirma su inmortalidad.

En otro extremo de las ideas reencarnatorias, nos encontramos también en el marco del gnosticismo con las doctrinas del filósofo alejandrino Carpócrates (siglo ii). Él y sus seguidores defendían que se reencarnaba una y otra vez con el propósito de que el alma viviera todas las experiencias, incluidas las de mayor desenfreno en todos los órdenes. Cuanto menos tiempo se tardara en vivirlo todo, mucho mejor para el alma, que crecía así en conocimiento partiendo de la premisa de que la *gnosis* solo surge de la experiencia. Por decirlo de algún modo, había un límite de vidas, de oportunidades, para que el alma aprendiese a experimentar.

Muchas hipótesis de reencarnación helenísticas sostenían que no reencarnaban muchos, solo unos pocos. La mayoría de personas atadas a la materialidad y a la ignorancia perdían el alma al morir (era como un fuego que se apagaba) y por tanto perdían su individualidad, no quedando nada que reencarnase. En este mismo marco doctrinal, ciertas corrientes gnósticas defendían también esta hipótesis explicado que, efectivamente, el alma se extinguía, el espíritu regresaba al Padre de donde había emanado su luz y el cuerpo regresaba a la tierra que lo había formado.

Aquellos que habían construido un alma luminosa, en cambio sí reencarnaban, pero sin su individualidad que ya no era en absoluto útil en la nueva vida y, lógicamente, no guardaba ninguna memoria.

Para Aristóteles, el filósofo que codifica y promulga de modo más brillante el concepto de alma en su obra *Sobre el alma* (s. IV a. de C.), dice que el alma no es inmortal y que lo que sobrevive después de la muerte es el intelecto de carácter universal y no individual que comparten todos los seres humanos, el cual sí es capaz de reencarnar. Dicho intelecto se individualiza a través de la *psique,* en donde se integra en el cuerpo *soma,* que acoge ese alma. Según Aristóteles, es este intelecto, que es uno de los componentes del alma, el que distingue a los seres humanos de los animales. El filósofo también afirmaba que el alma no podía vivir sin el cuerpo: para él el alma no es inmortal. Platón decía lo contrario, afirmando que el alma sí puede vivir sin el cuerpo, dándole carácter de inmortalidad a una parte de la misma, lo que él define como «alma racional». Platón es el que da al alma, concretamente al «alma racional», un origen divino y este filósofo comparte así la doctrina helénica de la *metempsicosis.* En esta hipótesis de reencarnación no se guarda memoria, pues las otras dos almas que componen el ser humano, el «alma irascible» y el «alma concupiscible» o «apetitiva» no reencarnan.

El ideario actual de la nueva era sobre la reencarnación nace de las ideas teosóficas que toman muchos elementos del hinduismo y los mezclan con sus ideas protestantes; el ejemplo es el modo en que queda asimilada la idea cristiana de pecado con la de *karma.* La doctrina del hinduismo sobre la reencarnación está muy bien documentada y es ampliamente conocida, si bien es preciso e importante recordar que está íntimamente asociada al severo e implacable sistema de castas. Esta idea de castas prima sobre la de reencarnación, de modo que la concepción hinduista de la reencarnación está concebida para justificar con explicaciones metafísicas y filosóficas un sistema social tremendamente perverso en el que, efectivamente, la carga del pasado es absolutamente determinante y condicionante. La única manera de progresar espiritualmente consistía en reencarnar en una casta superior asumiendo sumisamente las restricciones limitativas de los nacidos en las castas más bajas, es decir, la mayoría de personas, dado que a la casta superior pertenecía solo una élite privilegiada.

Queda recordar a Buda, que precisamente contradice esta idea de reencarnación reinante en su época, pues él afirma que no hay nada eterno ni perpetuo, que todo es efímero y transitorio, nada es permanente y mucho menos un ente que no ha alcanzado el despertar en la realidad y, por tanto, aquello que considera su individualidad es solo una ilusión que se desvanece cuando lo Real aparece. Además, afirma que no hay castas espirituales: todo ser humano, incluso las mujeres o los parias, pueden alcanzar el *nirvana*. Obviamente, tuvo enfrente a la casta superior, los supuestamente más evolucionados, los sacerdotes.

Por último, queda referirse a la milenaria religión egipcia en donde no se encuentra rastros de esta idea reencarnatoria. Su ideario *post mortem* bien sabemos que se centra en el Juicio de Osiris en el que el corazón es pesado en la balanza de Maat y que si pesa más de lo debido es devorado por una bestia. En su ideario es también posible la pérdida y desaparición de la individualidad; esta no es necesariamente eterna. De hecho, la parte más importante de su ideario descansa en el propósito de evitar la temida segunda muerte, es decir, la perdida de la individualidad consciente que puede ocurrir después de la muerte física si en vida no se ha purificado el corazón. Su ideario se basa en la idea del «segundo nacimiento» o «nacimiento en la luz», entendiendo que este segundo nacimiento es consecutivo del nacimiento físico. Para ese segundo nacimiento es imprescindible construir un «cuerpo de luz» que será el que nazca en el reino de la luz. Esta era la idea básica de la resurrección, cuya referencia era el relato de la muerte y resurrección de Osiris.

Por tanto, además de la religión egipcia, tenemos fuera y alejados del ideario de la reencarnación, al señor Buda que propuso el renacimiento y a Jesucristo, más alejado aún, con el relato de la resurrección y también al islam o el judaísmo. En las llamadas «religiones del Libro» la idea de la reencarnación no existe. Sus propuestas bien sabemos que contienen sólidos y valiosísimos componentes filosóficos y espirituales, por lo que resulta difícil de entender como hoy parece que se han olvidado frente a la idea moderna de la reencarnación aportada por los teósofos, una doctrina endeble espiritual y filosóficamente y poco fundamentada. Solo comparar a Buda o Jesucristo con los teósofos constructores de la teoría de la reencarnación actual que triunfa entre la nueva era, hace que resulte extraño este triunfo. Es posible que la difusión de esta idea se haya producido porque es intelectualmente sencilla y confortable. A ella se le ha unido un temario ideológico coherente con otros postulados de las tesis de la nueva era que la afianzan como las doctrinas asociadas a la hipótesis de una memoria de las vidas pasadas. Entiendo que otro motivo es la ignorancia, olvido, a veces desprecio, de la enorme potencia espiritual del cristianismo, budismo o islam, que proporcionan marcos espirituales y filosóficos de mucho más calado, pero a los que, lógicamente, es más difícil acceder pues para ello se exigen esfuerzos mayores de comprensión.

He hecho este pequeño recordatorio con el fin de mostrar que con respecto al patrimonio de creencias de la humanidad este es muy extenso, y dado que la idea de la reencarnación en general resulta sencilla, no amenazante, explicativa e intelectualmente suficiente para muchos, es lógico que haya sido compartida por diferentes culturas si bien, como hemos visto son muchas, difieren entre sí y a veces son hasta contradictorias. A su vez, queda evidenciado que entre los relatos e hipótesis de lo que sucede *post mortem* hay credos que no contemplan en absoluto esa idea. Especialmente en las doctrinas de los tres últimos grandes fundadores de religiones: Buda, Jesucristo y Mahoma. Es como si una hipótesis muy antigua como la de la reencarnación quedara superada por estas doctrinas más iluminadas que, al menos en términos espirituales y filosóficos, muestran un nivel superior en cuanto a sabiduría y a su capacidad de proporcionar elementos con los que ser capaces de alcanzar una mayor comprensión y conocimiento.

Nunca como hoy un ser humano ha tenido tan al alcance la posibilidad de acceder a los distintos credos y doctrinas. Se dice que esta sociedad con capacidad de estar tan bien informada, nunca ha estado menos formada. Cada cual puede elegir entre toda la gran oferta doctrinal respecto a lo que sucede *post mortem* aquella que le resulte más satisfactoria. Pero creo que toda elección de este tipo requiere al menos comparar las distintas propuestas al respecto y que requiere antes validar sucesivas hipótesis previas, por ejemplo, la propia existencia del alma, su naturaleza inmortal o no, si guarda o no memoria, qué es lo que sobrevive, si existe la posibilidad de la extinción de la individualidad del «yo», …

Termino con una frase de Ramana Maharsi al respecto:

Si se rastrea el miedo a la muerte hasta el objeto cuya pérdida le dio origen, se verá que ese objeto no es el cuerpo, sino la mente que funciona en él. Lo que el ser humano teme perder es la conciencia, no el cuerpo.

Añado que aquellos que unen su consciencia a su memoria y convierten a esta en el único elemento explicativo de su existencia, procurarán solidificarla lo más posible utilizando todos los recursos de la mente, incluido el del poder de la imaginación, es decir, el de la capacidad de crear imágenes, con el fin de que el vínculo consciencia-memoria se perpetúe ante el temor a la posibilidad de que la consciencia individual se funda en la consciencia del Ser. Continuo ahora con otra idea que hoy se ha afianzado, pero que ha sido alejada de su contenido y significado originales.

## Karma

En este mismo marco de incorporación de ideas provenientes de las religiones orientales, vamos a tratar el concepto del *karma* dentro de la ortodoxia hinduista tradicional tomando como referente uno de los textos fundamentales del *advaita vedanta*, el *Vivekacudamani,* obra de, aproximadamente, el siglo VIII atribuida al sabio Shankara.

Lo primero que hay que decir que el hinduismo habla de tres tipos de *karma: prarabdhakarma, samcitakarma* y *agamikarma.*

*Karma,* literalmente, significa «acción» y toda acción genera un efecto, un fruto inherente a la naturaleza de la acción, entendiendo que la naturaleza de la acción se refiere a su intención, si esta existe, y ahí sí pueden estar presentes factores ético morales. Por otro lado, dado que en todo lo vinculado a la vida está presente la reactividad, lo cierto es que existe *karma* sin ninguna connotación ética, si no que responde a un mecanicismo inherente a lo vegetativo.

El *karma* no afecta a todas las personas de la misma manera. Según una persona esté más apegada a su cuerpo tosco, a sus deseos y a sus fantasías o ignorancia, mayor efecto tendrá el *karma* sobre esa persona. Cuanto más apego, más sufrimiento *(dukha).* Este es, a su vez, el vínculo del *karma* con la reencarnación. Sufren la reencarnación las personas apegadas a su cuerpo tosco (la identificación con el cuerpo y/o con el «yo»), las apegadas al cumplimiento de sus deseos y los que cultivan la ignorancia y la incrementan. Cuanto más realizada está una persona, menos afectada está por el *karma*. El ser humano es fundamentalmente reactivo y *karma* es la ley de la reactividad; cuanto más reactivo es un ser humano, más sometido está a dicha ley.

Las ideas actuales de «fortuna igual a buen *karma* o «infortunio igual a mal *karma*» son erróneas. Por ejemplo, para una persona la abundancia económica puede ser una pesada carga para su autorrealización si usa su riqueza para la propia satisfacción de sus deseos y para acrecentar su ego sin saber que, por ejemplo, esa fortuna le ha podido ser dada como un elemento de aprendizaje de la generosidad o como herramienta de servicio. Por otro lado, sufrir una enfermedad puede significar una magnífica posibilidad de aprendizaje de elementos imprescindibles para el autoperfeccionamiento como la paciencia, la comprensión, la distinción entre lo fundamental y lo accesorio, la escucha al cuerpo, la reflexión sobre la voluntad divina, etc.

El *karma* es comparado con una semilla que da un fruto que, lógicamente será de la misma naturaleza de la semilla. Responde a leyes naturales y no a las de la moralidad humana entendiendo, además, que esas leyes naturales muchas veces no son comprendidas y son sustituidas por falsas suposiciones. El concepto premio/castigo no se corresponde a la cosmovisión del *vedanta* ni a la del budismo. El *karma* estaría más cercano a una función equilibrante del orden cósmico. A veces *karma* es utilizado también como sinónimo de rito. La ejecución de un rito es un acto que tiene la finalidad de la obtención de un fruto. La idea actual en Occidente de *karma* igual a la «ley del ojo por ojo», es un ejemplo de mala asimilación cultural de una idea de modo que el concepto «ojo por ojo» bíblico queda inalterable y solo se ha modificado el término. Dicho más simplemente todo se reduce a verificar que «quien la hace, la paga» de modo que prevalece la confortable idea de que ningún culpable se libra de su castigo.

*Samcitakarma* es el *karma* acumulado. Este *karma* no se refiere solo a un individuo, pudiéndose referir a una familia, un grupo, un país o a la humanidad en su conjunto. Para una persona realizada o en vías de realización es un *karma* que no germina y puede ser diluido.

*Agamikarma* es el *karma* plantado que aún no ha dado su fruto porque no ha madurado y, por tanto, puede evitarse. Para ello debe de corregirse rápidamente «evitando que madure primero y eliminando la mala semilla después».

*Prarabdhakarma* es el *karma* imparable, ya maduro, que solo desaparece con la extinción del fruto.

Dentro del budismo hay que añadir que el *karma* es considerado, a su vez, una «energía inercial» natural desprovista de connotaciones morales que, al repetirse, se consolida con la práctica. Dicho de otra manera, la práctica de la virtud, genera virtud; la práctica del mal genera el mal, pues la fuerza inercial del *karma* así lo posibilita y favorece.

Para evidenciar que dentro de la tradición hinduista el *karma* carece de connotaciones negativas, baste recordar que la práctica del *karma yoga* es una de las más elevadas. Se le ha definido como el «yoga de la acción desinteresada», aunque más preciso sería describirlo como el «yoga de la acción libre de objetivos». A estos actos se les conoce como *karma marga*. Estos son actos que surgen de la conciencia y no de la reactividad, actos armonizados con el orden de las cosas y que no pretenden el supuesto beneficio inmediato de cualquier tipo de pulsión o deseo, son actos de intención pura; podríamos definirlos como «actos carentes de acción».

Dice la *sloka* 507 del *Vivekasudamani:* «Yo no actúo ya, ni hago actuar a los demás; no experimento ni hago experimentar a los demás; no veo ni hago que los demás vean, soy *atman* trascendente y resplandeciente».

Por último, recordar el concepto de *karma bandana* o «la cadena del *karma*». Esta es la que tiene atada a muchas personas al *samsara* o «rueda de renacimientos». Es imprescindible entender que es el yo exclusivamente el que genera *karma* y, por tanto, se encuentra encadenado a esa rueda. Dado que el yo es ilusorio (solo existe lo real o *atman*) tanto *karma* como *samsara* son ilusorios y no pertenecen a lo Real. A esa ilusión suma de «yo», *karma* y *samsara* se la denomina *maya*.

El paso de lo no manifestado a lo manifestado se produce con un suave movimiento. El movimiento es consustancial a lo creado. Todo movimiento lleva implícita una acción. Esa acción, inherente al movimiento, la llamaron en la India *karma*. Cada acción o *karma* conlleva los efectos inherentes a la misma acción y porta como semilla lo que será el fruto de dicha acción.

*Karma,* por tanto, no lleva incorporado ningún aspecto moral salvo en el caso de la acción humana cargada de intencionalidad.

Todo movimiento genera *karma* (acción), toda acción tiene un efecto, ese efecto vuelve a generar un movimiento. Y así sucesivamente.

Como una danza.

Un pensamiento es un movimiento.

Una emoción es un movimiento.

Un deseo es un movimiento.

La palabra es un movimiento.

En donde el Ser *es,* no hay movimiento.

## *Maya* y Ser

Vinculada a la idea de *karma* y dentro del patrimonio de conocimiento del hinduismo y también del budismo, existe una afirmación que a menudo mueve a confusión por su contundencia.

Esa afirmación nos dice que este mundo material, sensible y fenoménico no es real, que es una ilusión a la que llamaron *maya*. Pero para comprender esta afirmación tan impactante hay que explicar algo previamente.

Según sus enseñanzas, existe a su vez lo que ellos llamaron *atman* o Ser Real para diferenciarlo del ego o yo ilusorio vinculado a esa ilusión de *maya*. Esta ilusión se caracteriza por ser de naturaleza fenoménica y por su impermanencia, si bien esta fenomenología impermanente es lo que reciben los sentidos. El órgano receptor de lo Real, es el corazón. Solo a través de él, es posible descorrer los *upadhi,* los velos que ocultan lo Real.

Por tanto, tenemos el Ser que pertenece a lo Real y el ego que pertenece a *maya* o ilusión. Pero hay que matizar, no existe el ego porque existe *maya,* ni existe *maya* porque existe el ego; el ego produce *maya,* y *maya* produce ego mediante un factor de dependencia y, por su propia naturaleza, ambos pertenecen a lo ilusorio e irreal.

Por tanto, se deduce que el ego ni trasciende ni perdura. Pertenece y permanece a *samsara,* es decir, a la rueda de la muerte y renacimiento que, por tanto, también pertenece a *maya,* a lo ilusorio. El ego nace en *maya,* vive en *maya* y muere cuando *maya* muere: eso ocurre cuando aparece la conciencia de *atman* y cae la ilusión del yo. De ahí esa afirmación contundente del gran sabio de la vía *advaita,* Nisargadatta: «Yo ya estoy muerto». No se puede expresar de mejor modo que en él despertó el Ser y por tanto ya solo vivía en lo Real y no en el *maya,* para la que había muerto.

Y respecto a este ego, ¿cuál es su origen?, ¿cómo se forma?

Veamos antes lo que nos dice la tradición de los sabios védicos sobre la mente y su cuádruple composición y funciones:

- La percepción de los sentidos que nos abastecen de las impresiones del mundo sensible y fenoménico.
- Los contenidos mentales (experiencias y creencias) y sus

consecuentes estados mentales producidos (ansiedad, miedo, ira, aversión, deseo, etc.).
- La aparición del intelecto y del juicio discriminatorio.
- La conciencia individual y percepción de uno mismo.

Luego se produce un proceso.

- Primeramente estos cuatro factores mentales y su interacción procuran la aparición del ego o idea de un «yo».
- Después el yo se identifica con el cuerpo, a continuación con su biografía, y luego con sus creencias y contenidos mentales.
- Por último, cuanto mayores sean las identificaciones con el cuerpo, los contenidos de la mente y la biografía, más se estará atado a *maya*.

Para comprender lo anterior basta con recordar el momento en el que nos despertamos por la mañana. Pasamos de un estado de no–consciencia, el sueño, a un estado de consciencia de uno mismo, vigilia. También en ese momento se pone en marcha la memoria, la biografía de nuestra vida, y aparece la percepción sensorial objetiva que captan los sentidos y la sensación subjetiva que dicha percepción produce. Así mismo, aparece la lectura de nuestra realidad a partir de los contenidos de nuestra mente. La suma de todo eso es el yo.

Y detrás de la identificación con el cuerpo, detrás de la identificación con la biografía, detrás de la identificación con los contenidos de la mente, detrás está el Ser o *atman*.

De un modo realmente preciso, al paso de la inmersión en el sopor que vincula al yo–ego con la ensoñación del *maya* hacia el Ser Real se ha llamado despertar. La diferencia principal con los estados habituales estriba en que, en el estado de Ser, no acontece ya ni implicación ni afectación por el devenir del mundo ni con su perpetuo movimiento causa–afecto. Ya, en un estado de calma y presencia benditos, el despierto solo se vincula al mundo sensible y fenoménico a través de la compasión y/o de la comprensión de su tarea de servicio. En este estado, una vez que el ego ha cumplido su función en el *maya,* poco a poco se va consumiendo y es absorbido poco a poco por el Ser: está en el mundo, pero no pertenece al mundo. De este modo, al igual que el cuerpo orgánico tiene su presencia en el mundo, en un despierto, su ego solo cumple ya funciones básicas todavía útiles en el mundo, pero ese ego ya carece de ningún poder. Sin embargo, siempre cercana al entendimiento y al corazón, está para el ser humano la posibilidad de la acción virtuosa y la siembra del bien.

## Dones y frutos

> *«La auténtica riqueza del ser humano está en el bien que hace*
> *al mundo».*
> Mahoma

Si hablamos de dones y frutos, debemos recurrir a la enorme sabiduría del cristianismo. La fiesta de Pentecostés aporta una interesante oportunidad de reflexión sobre el «don» y el «fruto». Según la doctrina cristiana cuando el Espíritu Santo desciende sobre los apóstoles en Pentecostés lleva consigo la concesión de siete dones: sabiduría, inteligencia, consejo, fortaleza, ciencia, piedad y temor de Dios.

Además, hace que en ellos florezcan doce frutos: amor, alegría, paz, paciencia, bondad, afabilidad, fidelidad, dominio de sí mismo, aceptación, caridad, continencia y modestia.

Como se puede apreciar estos dones y frutos propios de un verdadero trabajo espiritual, nada tienen que ver ni con el psiquismo ni con la obtención de poderes del mundo.

Entre ambos, dones y frutos, hay una diferencia importante. Los frutos son producto del ser humano que plantó la semilla de esa virtud y luego la cuidó con esfuerzo y esmero a través de la práctica y la comprensión. La llegada de la epifanía que representa Pentecostés hace que el fruto aparezca. Forma parte de un proceso. Más adelante madurarán.

En la mitología griega también se relata el esfuerzo para la adquisición de esos frutos por medio de los trabajos de Hércules y asociados los doce signos del zodiaco y a la *de labore solis* en ellos.

Los dones, en cambio, son regalos de Dios que concede según su voluntad y sabiduría a quien quiere, cuando quiere y como quiere. Fueron vinculados con el número siete y también aparecen en los mitos griegos representados por las fuerzas e inteligencias de los siete planetas clásicos asociados a siete dioses. El cristianismo, en ambos casos, les otorgó significados y valores de mayor profundidad espiritual. Para una persona comprometida con su desarrollo espiritual resulta importante discernir entre fruto y don.

Respecto a los dones, estos están vinculados tanto al merecimiento como a su buen uso y aplicación responsable, pero la gracia de su concesión corresponde a Dios y solo Él conoce el sí, el no y el cuándo. La concesión de tales dones representa para quien los recibe un modo de servicio.

Estos provienen del Espíritu Santo. La palabra «espíritu», viene del latín, significa «aliento» y es la misma que el *pneuma* griego que significa «respiración». En ambos casos, como en la palabra bíblica hebrea *ruach*, la idea de un suave viento también está presente. Respiración, cálido aliento que lleva humedad, viento que porta semillas de vida. Recordemos que los *neter* egipcios (dioses) eran representados por las banderolas que se colocaban en las fachadas de los templos y que el viento mecía suavemente... El movimiento de las banderolas mostraba que el viento estaba presente y llevaba «algo», era como el aroma del que loto venía con el recuerdo de Dios. Pero el lenguaje de lo divino solo es inteligible a partir del lenguaje del Ser.

## El lenguaje del Ser

Hay una historia atribuida a un maestro que cuenta que un día le dijo a un discípulo: «Imagina que estás soñando, en tu sueño vas en una barca cruzando un río y la barca choca con unas piedras y naufraga, unas personas que no saben nadar caen al agua y empiezan a hundirse solicitando ayuda a gritos. Tú sí sabes nadar y decides intentar salvarlos, pero en ese momento te despiertas. La pregunta es: ¿te volverías a dormir para regresar al sueño e intentar salvar a los que se están ahogando?».

En el sufismo existe el concepto de «existencia relativa», que es la que el hombre dormido vive. Se llama así porque su vida está en relación con el mundo y depende de él a través del código del lenguaje sensorial, su dinámica de reactividad y su posterior interpretación a partir de los contenidos de su mente.

Esta enseñanza se enmarca en la línea de otras, como la del budismo, que afirman que vivimos en una ensoñación y que en el proceso de desarrollo espiritual se produce lentamente el despertar. De hecho, en el sufismo al estado de conciencia ordinario se le llama el «estado del hombre dormido». En ese estado el ser humano se encuentra atrapado en la sensorialidad de lo fenoménico, a este mundo que percibimos fruto del «estado dormido» lo llamaron *maya* tanto en el hinduismo como en el budismo. Nuestro contacto con el mundo se produce a través de la sensorialidad; lo que no pasa por ella no existe, no sucede. Incluso en lo referido a lo más sutil, si no se siente algo la mente interpreta que nada ocurre. Buscamos por tanto sentir, sin embargo, también sabemos que en tanto una energía es más elevada, más alejada está de la sensorialidad y por tanto de *sentirla*. Por ello hay que entender que lo que pertenece al sueño queda en el sueño.

La práctica de la meditación entendida en un sentido amplio, es aquella que tiene como fin alcanzar el estado meditativo. En el estado meditativo la mente no funciona solo a partir de la reactividad, es decir cuando funciona ordinariamente de modo pasivo y condicionada, sino que funciona en un estado más libre de reactividad y opera de modo «activo» porque se la libera de los condicionantes. En el inicio de la meditación se busca siempre suspender la sensorialidad lo más posible, por ello, se adopta posición de quietud, se practica en silencio, etc. Cualquiera que haya practicado solo un poco la meditación sabe que entonces es cuando se observa que la mente sigue activa de modo inercial y que añora la sensorialidad. Esto se debe a que la sensorialidad es el inicio de la actividad de la mente lo cual forma parte de nuestra constitución. La sensorialidad es un modo de lenguaje, es un sistema comunicativo e informativo propio de la vida. Olores, colores y sonidos aportan informaciones básicas para la existencia, a veces pasando por la consciencia, a veces sin pasar por ella; por eso la sensorialidad no solo es útil, sino que se torna imprescindible para la vida. Sin embargo, hay otro lenguaje que ha sido llamado el «lenguaje del Ser» que trasciende la sensorialidad pues, en efecto, hay ocasiones en que el Ser establece lazos con la sensorialidad pero por caminos distintos de los que usan ordinariamente los sentidos, es decir, no pasa por la mente. Sin embargo, desde la sensorialidad es muy difícil acceder al Ser salvo cuando esa sensorialidad es capaz de elevar el estado de conciencia por medio de la belleza y del contacto con lo sublime en tanto altura ética y estética; de este modo se produce el inicio del paso de un lenguaje a otro. Y es entonces cuando se descubre que la vida, en realidad, no habla el lenguaje del mundo sino el lenguaje del Ser: un lenguaje que se puede percibir en el suave fluir de la vida.

## Tao, fluir y «no hacer»

> *«La verdadera alegría y felicidad perfectas solo pueden encontrarse en la no–acción».*
>
> Chuang Tse

No son muchas las formas de sabiduría profunda que la humanidad ha conocido, pero una de ellas es sin duda el taoísmo. Este tipo de pensamiento y su enseñanza se caracterizan por la dificultad de su clasificación dentro de los esquemas filosóficos y religiosos y también por la propia dificultad a la hora de intelectualizarlo. Y justo ahí reside su potencia y su naturaleza: el Tao es inaprensible por su condición de fluir constante e, intelectualmente, es también difícilmente abordable, pues uno de sus pilares principales es la paradoja.

Su texto principal es el famoso *Tao te ching*, datado sobre el siglo VI a. de C y atribuido a un personaje posiblemente legendario, Lao Tsé. Se cuenta que Confucio se encontró con Lao Tsé y que después de la entrevista entre ambos, Confucio declaró que «era alguien a quien no se le podía atrapar». Y ese es el Tao, el misterioso Tao que es y no es, que está y no está, que hace y no hace, y que cuando parece que se puede atrapar, desaparece. Que además es camino y es principio y fin del camino; que se mueve en el tiempo y fuera del tiempo y que, sin embargo, permanece inmóvil. Que afecta y no es afectado, que es, armonía, que es vacío que contiene todo. Tao es lo grande inconmensurable e incomprensible y lo pequeño en su simplicidad primordial.

Tao es origen, causa y efecto, y el recorrido entre causa y efecto. También es la causa sin causa que no produce efecto y el efecto libre de causa. Es todo lo que se mueve y lo que permanece inmóvil. Que es suave y ahí radica su potencia para vencer a lo duro.

En el taoísmo, lo duro no sirve contra lo duro, pues en una confrontación solo vencería aquello de mayor dureza, es decir, solo habría una diferencia cuantitativa; pero lo suave vence a lo duro, el agua siempre encuentra la grieta por donde penetrar, la diferencia es entonces cualitativa.

El *Tao te ching* comienza: «El Tao del que se puede hablar no es el tao verdadero». *Tao* (pronunciado como *dao*) significa «camino», *te* significa «virtud» y *ching* «libro».

También dice: «Aprender consiste en acumular conocimiento día a día; la práctica del Tao consiste en reducirlo día a día. Reduce y reduce hasta alcanzar el estado de «no–hacer»; no hagas y sin embargo nada queda sin hacer. Para ganar el mundo renuncia a él, si tienes todavía intereses personales que servir, no serás capaz de ganar el mundo».

Y también: «Los antiguos practicantes del Tao eran sutiles y flexibles, profundos y globales… prudentes y corteses como un invitado; transitorios como el hielo a punto de fundirse; simples como la madera no esculpida; profundos como una cueva; confusos como una ciénaga».

Del siglo XVIII es la referencia del último maestro del Tao que se conoce, Liu I Ming, quien se iluminó después de sus encuentros con varios maestros, uno de ellos es al que llama «el verdadero ser humano», otro «el anciano del Rango de los Inmortales». El maestro Liu I Ming nos dejó sus reflexiones y meditaciones en torno al taoísmo en su obra *Despertar al Tao,* en donde muestra que el Tao es, por decirlo de algún modo, lo propio de la naturaleza humana y de la vida.

Si hay algo que define la vida es el movimiento: el agua del río que fluye es la misma, pero a la vez a cada segundo esa agua es distinta a la anterior que, en esencia es la misma, pero en manifestación de lugar y tiempo, no lo es. En el ser humano ocurre lo mismo: nos movemos en el tiempo y el tiempo se mueve en nosotros; el segundo de ahora no es el mismo que fue ni que será; y cada movimiento tiene su propio fluir. Si algo caracteriza al ser humano es el fluir y el paso de unos estados a otros estados: paso de estado de paz al de conflicto y viceversa; paso de estado de bienestar al de malestar y viceversa; paso del estado de salud al de enfermedad y viceversa; paso del estado de deseo al de rechazo y viceversa… Solo el Ser es inmutable y solo conoce un estado: el del Ser.

Tao es la esencia del agua, es el origen y fin del agua, es la corporeidad del agua, es la función del agua, es el agua que ya ha sido, la que será, la que es, y es cada parte y su conjunto, y es el propio movimiento que fluye y hace que una cosa conduzca a otra. Es el gota a gota que taladra después de mil años; es la ola gigantesca que nada la detiene y arrasa en un instante.

En esa comprensión de fluir con la existencia descansaba la sabiduría del taoísmo; la «gran corriente del Tao» se encarga, en su sabiduría original, de que las cosas ocurran. Es el Tao que hace sin hacer, de ello se encarga la dinámica inercial en armonía con las leyes. Dice el *Tao te ching* «el sabio maneja sus asuntos sin actuar»: efectivamente nos encontramos con el famoso «no–hacer» del taoísmo. Por decirlo de algún modo, esos sabios dejaban que fuera el Tao el que se «encargara» y, no solo eso, sino que procuraban «apartarse» para que actuase y no estorbarlo. También había un matiz de comprensión: el Tao no solo se encarga de mí; se encarga de mí en relación con el todo; un todo que el Tao es y que contempla, algo que el ser humano en su limitación no puede hacer: solo ve lo que le concierne.

Volviendo a Li I Ming, este encontró a sus maestros después de que fuera curado por uno de ellos de una enfermedad que lo aquejaba. La propia medicina china tradicional tiene muchos elementos taoístas y uno de ellos tiene que ver con la relación entre fluir y estar sano. Lo que no fluye se densifica y, sobre todo, interrumpe el paso de lo que sí fluye; por eso en medicina china un tumor es el resultado de una densificación que se acumula; en esta medicina su terapia principal consiste en que la energía vuelva a fluir por donde estaba bloqueada.

Para el taoísmo, la energía de la mente también puede quedar bloqueada y generar pensamientos negativos y de sufrimiento, es por ello por lo que la mente, al igual que el cuerpo, necesita ser renovada. Cuando el budismo llega a China, se funde con el taoísmo y nace de ello el budismo *chan,* y toma relevancia el concepto de «vacío» y de «mente vacía». Esta disciplina de «vaciar la mente» luego se extendió cuando el budismo *chan* llegó a Japón y se transformó en el budismo *zen,* que tomó esta práctica como básica.

Como sabemos, la primera fase del vaciado de mente se centra en la no identificación con los propios pensamientos ni creencias ni con los frutos de estos, sobre todo si afectan a la conducta y no están en armonía con la vida; hay personas capaces de sacrificar su misma vida a cambio de unas creencias.

Para que ello no ocurriese se utilizaba el propio lenguaje: se pasaba de lo absoluto a lo relativo. Nadie diría pues: «yo soy budista» (algo absoluto), si no «yo estoy ahora en estado de budista» (algo relativo y con temporalidad que permite la modificación del estado). En la primera afirmación, «yo soy budista», se produce una atadura mental con algo exclusivamente contingente y que no se modifica, generando, por tanto, una densificación. «Yo estoy ahora en estado de budista» implica la posibilidad de modificación, de hecho, esta afirmación lleva en sí misma la naturaleza de la vida, que es la del cambio constante, cíclico y evolutivo de un estado a otro. Para que el agua fluya ha sido necesario que cambie de estado: desde la nube bajará y tomará forma corpórea; desde la forma corpórea se elevará a la nube con el calor o se densificará más con el frío. No hay evolución sin cambio de estado.

Como todo aquello que procura un bien superior y que además no produce la satisfacción como recompensa inmediata, tanto «el fluir» como el «no-hacer» son difíciles de comprender y más aún de llevar a la práctica. Nuestra sociedad actual se basa en el «hacer» con todos sus ingredientes asociados: tesón, objetivo a lograr cueste lo que cueste, determinación, esfuerzo …; sin embargo un maestro taoísta ante alguien que le mostrara el resultado escaso después de un enorme esfuerzo, le preguntaría a su interlocutor si todo ese esfuerzo había sido correcto, pues si hubiese sido un esfuerzo incorrecto obviamente no podría producir ningún resultado; si esa persona le hubiese preguntado sobre el esfuerzo correcto, este le habría respondido sobre el origen de ese esfuerzo, si provenía del fluir y en armonía con el Tao, o si venía de otra fuente desprovista de energía como la del deseo. Donde está el Tao está la energía que mana inagotable.

Efectivamente, el fluir está donde se encuentra la energía, la armonía, la suavidad y la ligereza: en donde está la sonrisa.

En donde estuvo presente y aún hoy está el taoísmo, el budismo *chan* y el budismo *zen,* es muy popular la figura del «buda feliz» también llamado «el que lleva el saco de ropa vieja» que nos habla de un monje errante de nombre Hotei o Budai, obeso, benevolente, que ayuda a mujeres y niños y de perenne sonrisa hoy identificado en muchos países de Oriente con la alegría, la abundancia y la felicidad: de ahí viene la costumbre de frotar su barriga en las distintas estatuas que lo representan para atraer la fortuna, pues él es portador de la buena suerte. La imagen de este «buda gordo y sonriente» ya incluso nos es familiar en Occidente. En otros términos, representa al iluminado, al que fluye en y con el tao y nada le falta; también es el guardián de los niños y los débiles.

Para finalizar, vuelvo al *Despertar al Tao* con un mensaje potente y claro del maestro taoísta:

> Si eres lo suficientemente sabio como para ponerte bajo la guía de maestros iluminados, asociarte con buenos compañeros, concentrarte de modo sincero en la clarificación de la verdad, utilizar su conocimiento para superar tu ignorancia y utilizar su visión superior para ampliar tus ignorantes puntos de vista, entonces, aunque seas un ignorante, te iluminarás, y aunque seas débil, te fortalecerás; no habrá entonces ninguna razón por la que no puedas convertirte en un ser inmortal espiritual y en un Buda.

## Samadhi

En Oriente se denomina *samadhi* el estado resultante de la experiencia de la detención del pensamiento. El pensamiento por su propia naturaleza es dinámico, móvil, siempre en actividad, muchas veces volátil; sin embargo, la experiencia de *samadhi* ocurre cuando el pensamiento se para, se detiene; es entonces cuando aparece el silencio en una suerte de vacío, si bien también se alcanza a entender que el vacío no es tal, sino que solo es y, por tanto, solo contiene *lo que es*. Esa inmovilidad del pensamiento, al principio breve y transitoria, poco a poco se va mostrando alcanzable. De un modo natural, se deja de «alimentar» el pensamiento y su funcionamiento se va haciendo inercial y, por decirlo de algún modo, se torna básico, sencillo, y empieza a moverse dentro de unos límites muy concretos; a su vez, cada vez queda menos atado a las emociones y se torna más práctico.

Todo lo que podemos percibir del universo sensible está en movimiento: planetas, galaxias, nuestra respiración y latidos, animales y plantas, átomos que pulsan… es el movimiento de lo que antes estaba inmóvil lo que podemos decir que genera el espacio y el tiempo en los que se produce el movimiento. Es el inicio del ciclo acción-reacción y este ciclo generativo produce la energía que lo mueve.

A nuestra mente-pensamiento dinámico le ocurre igual, tiene su espacio, y puede acceder dentro de ese espacio a aquello que le es reconocible e identificable, y tiene su tiempo en el que se mueve, el ayer y el mañana; esos son sus territorios. Pero cuando el pensamiento cesa, surgen otros escenarios en los que no hay ni lugar ni tiempo.

Muchas veces esa parada del pensamiento se produce a partir de otras paradas previas, principalmente la parada que nace de la paz interior, denominada *salam* en el islam y asociada a paradas «emocionales». Una emoción es un movimiento, pues muestra el paso de un estado a otro, sin embargo, hay emociones que generan una aceleración con su excitación asociada como la ira, la rabia o el miedo, y otras que en cambio desaceleran y calman, como por ejemplo las emociones que surgen del encuentro con la belleza. Podemos compararlo a un carrusel que gira: ciertas emociones aceleran el movimiento del carrusel, otras lo hacen ir más despacio; y es en el momento de parada en el que la percepción, ahora no sometida a la dinámica del movimiento, es capaz de captar la realidad sin tanta distorsión. En el hinduismo se dice que en estado de *samadhi* desaparece lo fenoménico: es el propio movimiento el que genera lo fenoménico. Una persona que gira a toda velocidad en las sillas voladoras de una feria solo puede percibir el entorno que le rodea de un modo tremendamente distorsionado debido al movimiento; cuando para de girar, la percepción desde el no-movimiento, cambia.

En sánscrito *sama* significa «unido, junto», y *dhi,* «mente». Por tanto, este término alude al Uno, a la mente que une y que, a su vez, queda unida. De siempre se dio importancia a la enseñanza de privilegiar lo que une sobre lo que separa. Es cierto que nuestra mente está muy especializada en separar, en diferenciar, lo cual es muy necesario en términos de supervivencia: puede haber dos plantas muy parecidas, pero una es comestible, y otra es mortal; ahí ver las diferencias es imprescindible. Sin embargo, no es menos cierto que la mente es capaz de unificar y, por ello, lo es también de hacer enlaces y conexiones con aquello que, en principio, puede parecer inconexo: esa conexión es el Ser presente en la vida compartida, caracterizada por la sencillez y potencia de la inteligencia que le es propia y por la individualidad de los miembros que la componen.

## Individuación

Si algo caracteriza este plano orgánico es la cualidad de individuo de todas sus criaturas. Ni siquiera hay dos hormigas o dos briznas de hierba iguales; dos hermanos gemelos son personas con su propia individualidad por mucho que se parezcan. La conciencia de uno mismo está individualizada y la ciencia nos dice que orgánicamente no hay dos seres idénticos. Y esta individuación se refiere también a la energía. No hay dos energías iguales. Hasta cuando respiramos el oxígeno se individualiza al metabolizarse, lo mismo pasa con la alimentación: lo que ingerimos «lo hacemos nuestro» al ponerlo en contacto con nuestros órganos de asimilación individualizados.

Aprovecho para recordar que no es verdad que una persona pueda ser canal puro de nada y menos de cualquier forma o energía más sutil que, por ley, se mezclará, con la naturaleza individual que la incorpora. El ser humano es, sobre todo, un receptor y un trasformador. Toda energía sutil requiere de unas condiciones para expresarse en el ámbito de lo que nos rodea; no basta con el deseo o la ilusión de alguien. En cambio, nuestra energía individual está siempre a disposición. Esta cualidad y calidad de la individualización es una conquista y forma parte del proceso de crecimiento personal precisamente asumir en su totalidad esa individualidad con todas sus implicaciones. Repito que es un error y una falsedad esa pretensión de «canal puro»; toda energía no individualizada precisamente anhela la individualización; anhela ser asumida e integrada en esa individualidad, absorbida en ella, primero a nivel orgánico para luego, si es posible, pasar al nivel de la conciencia. También es cierto que ciertas personas que han alcanzado una alta estación espiritual son susceptibles de captar y transferir energías muy altas sin apenas contaminarlas cuando es necesario. Otros tipos de fuerzas y energías sencillamente no necesitan al ser humano y se expresan en lo viviente por medio de la naturaleza a partir de la inocencia que esta ofrece. Aquella famosa sentencia de «conócete a ti mismo» tiene dos etapas: primero conocer la individualidad que eres ya que gozamos de una estructura orgánica común en lo referido a la condición humana, pero, a su vez, completamente individualizada y, a la par, una conciencia de uno mismo también individualizada. A continuación, conocer de uno mismo aquello que «es» y diferenciarlo de lo que «está». Pero si no empezamos por la individualidad, llegar al Uno queda solo en una ilusión. Por decirlo de algún modo, poseemos una personalidad fragmentada, volátil y condicionada por la reactividad inherente a la naturaleza humana, pero el logro de la individualidad reside precisamente en unificarse, en alcanzar un yo definido y asido a la conciencia, pues desde este yo-conciencia se puede alcanzar la Realidad del Uno. Solo siendo «uno», realizando la individualización de uno mismo, conociendo esa individualidad, se puede acceder al Uno.

# Certidumbre y conocimiento

La literatura iniciática, tanto la verdadera como la fantástica, nos hablan profusamente del conocimiento.

Dijo Bertrand Russell: «lo que los hombres realmente quieren no es el conocimiento sino la certidumbre». Realmente una frase llena de sabiduría a la altura de su autor.

El conocimiento, que es siempre dinámico, es desestabilizante, pues en realidad no significa más que otra etapa hacia un lugar nuevo que se desconoce.

Ese lugar ha sido llamado «verdad» y, una vez allí, el conocimiento desaparece, pues se alcanza a entender que es solo un vehículo de tránsito. Su origen no está en la certeza, sino en la duda y su alimento está en el interior, en el recuerdo y el reconocimiento, y no fuera, ni en el conocimiento prestado y, mucho menos, en la fantasía, la imaginación o en cualquier otro constructo mental.

Ha de entenderse por «recuerdo» la capacidad de «reconocer aquello que *es*». Este es el primer paso: empezar a reconocer dónde se encuentra el conocimiento y dónde no está. Valga al respecto este dicho sufí: «un hombre puede estar veinte años sin ver a su padre, pero si un día lo encuentra en el mercado, lo reconoce».

Pero la mente del ser humano necesita certezas, afirmaciones y respuestas contundentes, cerradas, fijas, sólidas y sin fisuras. Que den seguridad y, si es posible, confort. Que lo abarquen todo, lo de este mundo tanto lo visible como invisible, lo del más allá y lo de más allá del más allá, todo bien explicado y coherente, aunque se precise forzar esas certezas hasta que sean capaces de dar respuesta a cualquier pregunta y dejen cualquier interrogante bien atado. Y el hecho de que haya muchas certezas diferentes se debe a un error: el de los otros. Naturalmente, nuestras certezas son las que valen.

Tener un buen y surtido catálogo de certezas da seguridad, sin embargo, el conocimiento se maneja en la incertidumbre y te posiciona siempre al borde del abismo del «no-sé». Y solo desde el «no-sé», cuando desaparecen las certidumbres, se comienza a conocer.

Todos caminamos con nuestra mochila de creencias convertidas en certezas; unas más pesadas, otras más ligeras. Pero el conocimiento, si es real, es dinámico; lo que vale hoy, ha quedado obsoleto mañana. Esto es así en cuanto se refiere al conocimiento vivo, es decir aquel que es fruto del crecimiento interior y que, por tanto, siendo vivo, también crece, pues está en consonancia y vinculado con su fuente de nutrición. Ya entonces ese conocimiento viviente se nutre de lo interior (el recuerdo de la que es nuestra verdadera naturaleza) y ya cada vez menos de lo exterior (el conocimiento prestado). La fuente del verdadero conocimiento está en la vida, en el nacimiento de un vínculo entre el observador y lo observado; cuanto más sutil, sencillo y ligero sea ese vínculo, mejor.

Como he dicho, el síntoma de que el conocimiento es viviente, reside en que empieza a reconocer dónde está el conocimiento real y dónde no; es decir: recuerda. Además, empieza a asumir la incertidumbre, a entender la duda como herramienta de avance. La duda es como un instrumento alquímico, como un crisol en el que se separan las impurezas de lo que no es útil, de lo que es irreal y no vale y en donde solo se recoge aquello que ha superado el proceso.

Otro síntoma de que se ha obtenido conocimiento es que empieza a aparecer la sencillez de pensamiento, que se manifiesta de modo cuantitativo y cualitativo. Cuantitativamente diferenciando lo importante de lo que no lo es y eliminando lo sobrante; cualitativamente en lo referido al propio proceso del pensamiento que se vuelve más ligero, sutil, rápido, preciso y sobre todo útil. Por último, la curiosidad de la mente, que actúa por excitación, también pierde fuerza: por ejemplo, empieza a ser irrelevante el saber quién y cómo se construyeron las pirámides; saberlo carece de la más mínima importancia a la hora de que nuestra vida, física o espiritual, sea mejor o peor: no es algo útil.

Entiendo que puede parecer una paradoja, pero a mayor conocimiento, menos certezas; pero a mayor crecimiento espiritual, mayor conocimiento. Este conocimiento se caracteriza por su utilidad, su sencillez y por su cercanía al objeto de conocimiento, que pasa de objeto a sujeto. Valga para explicarlo aquella afirmación que encontramos en el Corán 50:16: «Estoy (Dios) más cerca de él (el ser humano) que su propia vena yugular». El intelecto necesita y busca una distancia respecto al objeto de conocimiento, mientras que la inteligencia busca penetrarlo como sujeto viviente.

Es cierto que es común y natural la conducta mental de muchas personas de ir afianzando certezas a lo largo de la vida. Del mismo modo la relación de estas con el mundo se basa en tomar y nutrirse de aquello que precisamente consolida sus certezas y en rechazar aquello que las cuestiona. Pero no es menos cierto que esta pulsión procura una limitación y, por tanto, impide el factor expansivo que distingue al conocimiento. El conocimiento viviente es adaptativo y se caracteriza, como Buda afirmó, en que produce resultados. El conocimiento debe ser aplicable. El conocimiento de un esquimal sobre la nieve le es inútil en el desierto; a un beduino del desierto no le es útil el conocimiento de un pescador de alta mar. Imaginemos que pasaría si un nativo australiano diese condición de «biblia» a un libro sobre plantas exclusivas del Amazonas y pasase su vida estudiándolo e intentando aplicar sus remedios.

Tristemente, demasiado a menudo, hay personas «beduinas del desierto» con la certeza de que el conocimiento está entre marinos de alta mar e intenta formarse en las artes de navegación por medio de libros escritos por otros beduinos que no han visto nunca el mar.

No recuerdo quien dijo que una certeza es como si una persona se encierra en su palacio, cierra puertas y ventanas y tira después la llave; está seguro, pero su vida es pobre. Es por eso por lo que las certezas empobrecen la mente, sobre todo las que nunca se han visto cuestionadas.

Es un buen ejercicio manejar bien los interrogantes, gestionar el cuestionamiento y poner las certezas al fuego en el crisol de la duda. Es cierto que esto puede alejarnos de la zona de confort y seguridad, pero tal vez sea lo que abra la puerta a otros espacios y entonces se pueda empezar a mirar lo que hay fuera del palacio.

Ya dijo Platón en su obra *La República* que existen cuatro niveles de conocimiento:

El primero es aquel que reside en nuestra mente y se debe al fruto de la propia imaginación y a la fantasía.

El segundo se deriva de lo que los sentidos aportan a la mente y al resultado natural de ello.

El tercero se debe a la suma de lo anterior (la sensorialidad) más aquello que se deriva del uso de la razón y el intelecto junto al acopio de saberes prestados. Este conocimiento, como los anteriores, también se caracteriza por no ser capaz de alcanzar la Realidad.

El cuarto, que define como *gnosis,* es aquel que accede directamente a la Verdad presente en la vida y a la Realidad espiritual.

Y, por cierto, ¿qué es el conocimiento?, ¿cómo se expresa?, sabemos que no es erudición ni acopio de saberes prestados, sin embargo, antes de hablar de conocimiento hay que referirse al misterio.

# El misterio



Moseh ben Nah

Todo recorrido por una Vía de crecimiento espiritual verdadera implica la aceptación del misterio. Esta palabra nos viene del latín *misterium* que, a su vez, proviene del griego *misterión*, un término que está asociado al *mistes* o iniciado, pues es así como se llamaban a los participantes en los ritos de las denominadas «religiones mistéricas».

La perspectiva de aceptación del misterio muestra dos aspectos. Por un lado, la aceptación de lo que se ignora. Solo así, sabiendo lo que no se sabe, es posible acceder al saber. Por otro lado, implica comprender que hay cosas (misterios) no accesibles para la comprensión ordinaria y que no pertenecen al territorio de la mente. Estos misterios representan pues unos límites, unas fronteras. Unas fronteras que no deben ser cruzadas ni por la soberbia, ni por la ignorancia, ni por el miedo asociado a la inseguridad de la mente ante lo que no conoce. La aceptación del misterio fue siempre un paso de inicio hacia el conocimiento de uno mismo.

Es cierto que la mente, para mantener su seguridad y su estabilidad, necesita con urgencia encontrar respuestas a las preguntas existenciales, especialmente a las que se refieren a lo más profundo, a aquello que se ha definido como «incognoscible». Por ese motivo suele buscar respuestas prestadas que generen tranquilidad, o incluso es capaz de apelar a la fantasía y la ilusión con tal de encontrar esas respuestas y evitar la incertidumbre. Obviamente, gestionar la incertidumbre requiere coraje y además aceptar ese factor incognoscible requiere humildad y sinceridad frente a uno mismo. Sin embargo, este es un paso importante. Después aparece el respeto al misterio.

En muchas religiones, especialmente en el catolicismo, el misterio está muy presente: desde el misterio de la resurrección hasta el de la virginidad de María, desde los misterios del rosario hasta el misterio de la transubstanciación, desde el misterio de la Trinidad hasta el de la trasfiguración…

Si miramos en el islam, vemos que es muy importante la idea de un Dios incognoscible, omnisciente y omnipotente de cuya voluntad todo depende, lo cual representa en sí mismo un misterio insondable. La palabra «islam» recordemos que significa «sumisión» y esta sumisión se refiere también a la previa aceptación del misterio de Dios, un misterio inasequible al ser humano.

En el hinduismo ese misterio está expresado en los velos que ocultan la Realidad detrás de los cuáles esta se esconde. Velos impenetrables para la conciencia ordinaria que se mueve en círculos orbitando en la periferia de esa Realidad. El budismo añade que es el propio ego el que resulta ser el principal velo que oculta lo Real. Dado que es la mente asociada al ego, que pertenece a lo no–real, la que busca respuestas, es imposible que encuentre nada, ya que se mueve en ese espacio no–real que en el hinduismo y en el budismo se llama *maya* o ilusión, por tanto, toda respuesta que la mente cree haber encontrado es en sí misma una ilusión.

Un *mistes* puede iniciar el camino de retorno cuando se da cuenta de que cada vez tiene menos respuestas y aún menos certezas y empieza poco a poco a penetrar en el misterio mediante el abandono sin tener ya miedo al abismo del no–sé. Sin embargo, asumida la perplejidad, aparece el desasosiego y la inquietud de contemplar la propia pequeñez e ignorancia justo al borde de ese abismo del no–sé, si bien, a veces aparece un sutil gozo que nace de saber que Él sí sabe. El estado de «no–sé» es una conquista que, poco a poco, se produce en el tránsito de la Vía. Se relativiza lo que se «conoce», se va abandonando el conocimiento prestado, se elimina todo saber inútil, es decir, se deja espacio y se genera un vacío cada vez más limpio que, también poco a poco, se llenará esta vez conociendo.

## Conocer y *conocer*

*«Solo quien bebe el agua, sabe si está fría o caliente».*
Proverbio del budismo chan

Para tratar de explicar el conocimiento podemos referirnos a la diferencia que hay entre el momento en el que un muchacho conoce a una muchacha y el momento en el que la *conoce* teniendo sexo con ella. Esta segunda acepción del término ya se usaba en la Biblia, en donde leíamos que tal hombre «conoció» a tal mujer refiriéndose a que habían tenido relaciones sexuales. Ese primer conocimiento es el mental, pero puede convertirse en conocimiento real cuando se realiza.

El conocimiento solo se produce si te encuentras con el objeto de conocimiento del modo correcto. Es decir, entendiendo y respetando la forma de acceso a ese conocimiento particular según su propia naturaleza. Si alguien, aunque sea solo unos días, ha estado en Roma, sabe más de Roma que otro que se haya leído varias guías turísticas pero que nunca haya estado en la capital italiana. No es fácil de explicar lo que es visitar Santa María Maggiore, por poner un ejemplo: o se ha estado ahí o no se ha estado.

Naturalmente, el acceso a Roma se consigue moviéndose y llegando allí, no quedándose en casa leyendo libros sobre Roma. El que quiera conocer Roma, tiene que ir al encuentro de Roma.

El conocimiento es como el amor, solo se produce si hay encuentro. El conocimiento ha de encontrarse con el objeto de conocimiento.

Lo mismo vale para el resto de formas de conocer. Solo conoces una comida si la pruebas; solo conoces una melodía si la escuchas; solo conoces un perfume si lo hueles. No se puede explicar el sabor de una naranja, ni cómo huele el loto ni cómo suena el *Réquiem* de Mozart. Tampoco te puedes acercar a la música mediante el olfato, su medio de acceso es el oído. Es por esto que cierto conocimiento no es transmitible, por su propia naturaleza es inexplicable y todo intento de transmisión es siempre pobre y limitado.

Por eso también toda acción positiva consiste en ir, poco a poco, acercándote o permitiendo que te acerquen al objeto de conocimiento provocando las condiciones para que el encuentro se produzca. Es más útil acercar a alguien a una frutería cercana para que pueda probar una naranja que tenerlo en una habitación leyendo libros sobre cítricos y sin que tenga una naranja accesible en kilómetros a la redonda. Es mejor que alguien primero pruebe la naranja y luego explicarle todo lo habido y por haber sobre esta fruta.

Los sufís se refieren al proceso con el ejemplo de una persona que no conoce el mar y va a su encuentro:

1. Alguien le habla del mar y lo cree. La fe.
2. Pregunta en qué dirección está el mar. La intención.
3. Se pone en camino rumbo al mar. La acción.
4. El viaje es largo y persevera cuando se cansa o se pierde. La paciencia.
5. Ya, cerca del mar, lo escucha y lo huele, pero aún no lo ve. La esperanza.
6. Llega a la orilla del mar, lo ve y se moja los pies. La gratitud y el gozo en la experiencia.
7. Se sumerge en él. Por fin, lo conoce. El abandono.

Es por eso por lo que el conocimiento se asocia a la penetración, a entrar en aquello que es susceptible de ser conocido. No es lo mismo leer un libro de cocina o el menú de un restaurante que comer un plato de ese menú. No es lo mismo saber cómo se prepara una paella que cocinarla y, sobre todo, comerla.

He mencionado el ejemplo de «estar en Roma» y lo he usado para aludir al término sufí de *makam* o «estación espiritual». Según el sufismo, en el proceso de crecimiento espiritual se pasan por distintas estaciones a modo de peldaños o etapas durante el recorrido. Solo cuando se está en una etapa se tiene acceso al conocimiento asociado a esa etapa. Es decir, solo al llegar a Roma se puede tener acceso al conocimiento real de Roma. Solo estando en Roma, se puede recorrerla y *conocerla*.

En toda tradición espiritual se aconseja que es mejor no tener ningún conocimiento que poseer un falso conocimiento. Alguien que va rumbo a Roma pensando que está viajando a París no alcanzará más que confusión y ni conocerá Roma ni París. No entenderá nada del Coliseo si se pone a buscar Notre Dame y no disfrutará de la pizza ni del café expreso si ha puesto su ilusión en el champán y en el queso francés.

Es por esto por lo que un guía de viaje se torna imprescindible. Un guía que ha estado en París y en Roma, conoce cada lugar y lo que es propio de cada sitio. Esa es una de las funciones del maestro, otra de ellas es la de acercarte a la frutería en vez de a los libros de cítricos.

# La ciencia de la ignorancia

*«En la existencia de tu ignorancia es cuando aparece Su ciencia».*
Al Bagdadi

Este es un concepto presente en el sufismo que, aparentemente, parece contradictorio, ya que los términos «ciencia» e «ignorancia» juntos en la misma frase resultan extraños. Esta idea se suma a la de «aprender a aprender» también fundamental en el sufismo.

Ambas se refieren a que comenzar a aprender no resulta fácil; lo primero es que para aprender se ha de ser un ignorante y que para alcanzar la condición de ignorante se necesita una ciencia y esta palabra en latín tiene también el significado de «conocimiento», es decir, se refiere al conocimiento de la ignorancia y a que solo en el estado de ignorancia puede aparecer el conocimiento. Es por tanto un punto de partida.

Tenemos pues una «ciencia» que nos conduce al estado de ignorancia y una vez instalados en ese estado es cuando comienza la posibilidad de aprender y de que, por tanto, aparezca el conocimiento: sin ignorancia no es posible el conocimiento. Y esa ignorancia se comienza a alcanzar cuando se deja de sustentar «lo que sabemos», empezando por lo que más premisas y elucubraciones requiere y, así, hasta llegar a los cimientos sobre los que se han construido las creencias.

Obviamente, este conocimiento se refiere al conocimiento de lo Real. Y su punto de partida es otro respecto a lo que podemos definir como «conocimiento común». Por decirlo de algún modo, la ciencia de la ignorancia te hace «ir hacia atrás», para comenzar de nuevo. Pero se necesita un cambio de mirada. Ese «otro conocimiento», por decirlo de algún modo, no requiere ni espacio ni complejidad, es más cualitativo que cuantitativo y es más sutil que elaborado.

Los sufíes no dan muchas más pistas sobre tal «ciencia de la ignorancia», solo dicen que se alcanza cuando el mundo de las ilusiones se esfuma. Las ideas que se tienen del mundo se van desvaneciendo en tanto dejan de estar sostenidas precisamente por los conocimientos que surgen del mundo. ¿Y cómo se aprende?, ¿y qué se aprende?

Respecto al cómo, se podría mencionar al modo de aprendizaje que todos hemos tenido: el de la infancia. Es por ello que el conocimiento de lo Real se asocia al estado de inocencia. En este campo, psicólogos y especialistas explican la razón por la que un niño muy pequeño nacido en una familia bilingüe habla estupendamente dos idiomas. Todos de niños hemos sido capaces de aprender a hablar un idioma, algo que no es sencillo. Cuando un bebé oye a su mamá decir mesa cuando esta señala una mesa le es más fácil aprenderlo, pues no tiene en su mente ninguna asociación previa entre objeto mesa y palabra mesa; esa asociación es desde cero y además su cerebro está dotado de una neuroplasticidad extraordinaria. Luego aprenderá a leer o a montar en bicicleta o a tocar un instrumento...

Por otro lado, está el desaprendizaje. Es sabido que, si a un niño le cuentas el cuento de Caperucita Roja que él conoce, esperará encontrar en el relato al lobo, a la abuela o la cesta con la merienda. Si el relator en vez del lobo pone un león, el niño corregirá al narrador porque él sabe que es un lobo, al igual que sabe que luego vendrá el cazador, etc.: el niño tiene un «verdadero conocimiento» del cuento de Caperucita Roja. Pero un adulto sabe que es solo un cuento y que respecto a lo real es indiferente que sea un lobo o un león y que resulta irrelevante que la Caperucita vaya de rojo o de amarillo, por tanto, es un conocimiento del «mundo de los cuentos» y que solo pertenece a ese mundo, que no interactúa con el mundo real. Un día el niño sabrá que en el mundo real los lobos no hablan, ni pueden disfrazarse de abuelas, etc., pero, sobre todo, aprenderá que desde lo Real si se puede acceder al mundo de los cuentos, pero desde el mundo de los cuentos no se puede acceder al Real.

## El estado de no-juicio



*«No juzguéis y no seréis juzgados».*
Jesús de Nazaret

«Si no tienes todos los datos ni conoces en profundidad la situación y su contexto, no juzgues; si no tienes la mente limpia, no juzgues» dice la enseñanza tradicional. Antes mencionaba el importante estado de «no–sé» y que, junto a él, aparece el fundamental estado de no-juicio. A poco que una persona se conozca mínimamente, es probable que se haya dado cuenta de sus limitaciones en lo que se refiere a su capacidad de descifrar el mundo y la vida. La limitación de la sensorialidad que abastece de contenidos a la mente y la servidumbre del intelecto a estos contenidos junto a las urgentes necesidades que la vida en el mundo requiere, tanto en términos de atención como de energía, dan sentido a la afirmación de que el ser humano, en sus condiciones normales, no es capaz de alcanzar la Realidad de la que percibe solo un fragmento, un fragmento que, además, se refleja como en un espejo. A esa Realidad que el ser humano no alcanza, se la llamó en el pasado «el misterio», es decir, aquello que le está vetado y sobre lo que el intelecto no tiene la llave de acceso.

Bien sabemos que la propia naturaleza del misterio es desestabilizante y, por ello, la mente–intelecto siempre busca respuestas y explicaciones para lo que no alcanza a entender; a veces fabricándolas, a veces tomando prestadas las fabricadas por otros. El objetivo es que nada quede sin explicación satisfactoria independientemente de qué tipo de mente y de creencias tenga cada cual. Sin embargo, la tradición espiritual tiene muy presente el misterio y uno de los misterios mayores es el de la justicia divina.

Sabemos por los sabios antiguos que la justicia divina actúa a través del principio del equilibrio llamado «punto cero», en donde se produce el orden que se expresa en quietud y estabilidad. En tanto se produce el desequilibrio, bien por exceso o por defecto y debido al movimiento que, a su vez, genera la fricción, la inteligencia que los egipcios llamaron *maat* busca siempre volver a ese punto de equilibrio a través de la «corrección».

A esa fuerza de corrección los egipcios la llamaron *mafdet* y actúa, expresándolo de modo sencillo, poniendo y quitando en ambos platillos de la balanza hasta que vuelve al «punto cero». Es la percepción humana la que asocia a veces esa corrección con la punición, y es algo natural, pues la corrección actúa tanto en el efecto como en la causa. Si un juez considera probado que un vecino ha robado la vaca a otro, sentenciará que le devuelva la vaca (corrección sobre el efecto) y que reciba treinta golpes de vara (punición sobre la causa). Dicha punición debería tener el objetivo de que la causa (el ladrón) reflexionase sobre su acto para que este no se repitiera. Todo esto ya estaba narrado y aplicado en el Antiguo Egipto. Bien sabemos también que en términos humanos muchas veces la corrección no es posible (un asesino no puede devolver la vida a quien ha matado) o que la punición es inservible, pues no genera ni reflexión ni rectificación, solo dolor a quien la recibe. Además, sabemos que muchas veces hay delitos que quedan impunes o que no salen nunca a la luz.

Desde esta perspectiva que es la que contempla el ser humano, es evidente que la justicia divina no parece mostrarse. Por ello es necesario volver al principio y recordar que solo percibimos un fragmento de la realidad, que nuestra percepción es limitada y que nuestra lectura de ese fragmento está condicionada por muchos factores; es decir, que nuestro juicio tal vez sea capaz en ciertas ocasiones de valorar adecuadamente una relación causa-efecto, pero no puede acceder a la causa de la causa y a los efectos del efecto. Por eso, en la Vía, además del proceso de llevar a la mente al estado «no-sé», indispensable para que aparezca el conocimiento de lo real, comienza a ser imprescindible también llevar a la mente al estado de «no-juicio». Ambos estados están relacionados y del «no sé» se deriva el «no juicio». Sin saber la causa de la causa, sin conocer las dinámicas invisibles detrás de cómo acontecen los hechos y sin conocer los efectos no perceptibles que hay detrás del efecto perceptible, es evidente por tanto que cualquier juicio se ha de tornar provisional y se ha de entender dicho juicio como una forma de consuelo calmante para la necesidad de la mente de conocer, interpretar y dar su respuesta ante lo que percibe como injusticia.

Es cierto que la dinámica de la vida en el mundo te pide tanto saber cómo enjuiciar. Esos saberes del mundo se manifiestan en la utilidad respecto a la vida, desde saber conducir o cocinar hasta los saberes necesarios de un médico o un arquitecto: son saberes valiosos para la vida. Respecto al juicio ocurre lo mismo; nuestra mente está diseñada para valorar, comparar y elegir. Pero más allá de todo esto, ligado a nuestra pertenencia al mundo, es cuando aparece el misterio y es ahí donde ni nuestro saber ni nuestro juicio valen, pues lo que hay más allá de la puerta del misterio es un universo mucho más vasto, profundo y múltiple.

Enjuiciar se ejecuta como algo común en nuestra vida cotidiana, pero, a veces, comienza a aparecer la presencia del misterio y nos recuerda aquella sentencia de Jesús de Nazaret de «no juzgues y no serás juzgado»: desconocemos la causa de las causas y los efectos del efecto.

De volver al equilibrio ya se encarga *maat,* la justicia divina, según el principio de «solo Dios sabe», a veces de modo que podemos percibirlo, si bien la mayoría de las veces de modo imperceptible.

Desde este principio la conclusión es inmediata: si solo Él es el que sabe, se deduce que yo no sé (estado de «no-sé») y a partir de ese estado se accede al de «no juicio». En el abandono y gusto en ambos, en «no-sé» y en «no-juicio», se comienza a percibir y gustar del estado de paz, una paz que es puerta y muralla. Sí, es verdad, hay conflicto en el mundo, pero queda fuera y no afecta a la paz que hay en el templo. Y sí, es también puerta que conduce cada vez más a la cercanía con Dios. Pero frente a la paz, a veces aparece por sorpresa un enemigo inesperado: la capacidad de provocarnos sufrimiento a nosotros mismos.

## El estatus del dolor

*«El dolor es inevitable, pero el sufrimiento es opcional».*
Buda

Debemos a gradecer a Buda el que con tanta claridad diferenciase aquello que está en el presente y actúa bien en lo orgánico, bien en lo emocional, el dolor, de aquello que habita en la mente y que se instaló en el pasado o se proyecta al futuro aún inexistente: el sufrimiento. Si bien el dolor está en el cuerpo o en sentimientos y emociones, el sufrimiento solo está en la mente. El dolor tiene fecha de caducidad, pero el sufrimiento puede no acabar nunca si se le deja germinar y crecer en la mente. Y, además, muchas veces se confunden dolor y sufrimiento, y aunque el dolor puede ser en ciertas circunstancias útil, el sufrimiento nunca lo es.

«A la verdad y a la sabiduría le hacemos promesas. Al dolor le obedecemos». Esta frase de Marcel Proust de su libro *En busca del tiempo perdido* es capaz de provocar una especie de debate interno entre la rotundidad de lo que evidencia y la rebelión producida por el amargor de su pesimismo, pero en realidad la reflexión sobre lo que afirma puede ser el motor que lleve a plantarse la posibilidad de hallar una salida a esa inexorable, en apariencia, secuencia de experiencia con dolor igual a sabiduría instalada en nuestra cultura. Pienso que Proust, al fin y al cabo, fue como la mayoría de nosotros, una víctima más de la aplastante carga cultural que desde hace siglos nos ha señalado con el dedo como reos de una única vía de aprendizaje: el sufrimiento. Frases como «la letra con sangre entra», «para presumir hay que sufrir», «vivir es sufrir» y otras por el estilo, están tan ancladas en nuestro modo de concebir la vida que de forma inevitable nos han calado hasta los huesos, posiblemente condicionados por un distorsionado mensaje del cristianismo en el que algunos sectores han pretendido hacer del sufrimiento la llave de la salvación.

Tan fuertemente arraigada está en el ideario occidental la idea de valorizar el sufrimiento, que es curioso observar como el concepto que como vimos con más éxito hemos importado de las filosofías de Oriente, ha sido precisamente el del *karma,* concebido y distorsionado del modo más reconocible y simplista: el que la hace la paga y si sufres algo habrás hecho, y si no ha sido en esta vida, habrá sido en la otra. Es como si la existencia aplicara el famoso «ojo por ojo» pero con fechas de vencimiento a largo plazo.

Sin embargo, a este modo de concebir la vida parece darle la razón la realidad del día a día. Todos disponemos de infinidad de testimonios, tanto personales como ajenos, que ponen en evidencia que la mayoría de nuestros avances en el desarrollo como individuos se han producido bajo la sombra de pasajes de crisis y dolor. Sea cual sea el tipo de dolor físico, mental o emocional que se pueda padecer, lo cierto es que al final se convierte en una frontera de paso que nos exige un cambio de conducta o nos pone al corriente de la auténtica realidad que nos circunda. Es decir, suele funcionar como activador de un cambio, y lo peor es la sensación de estupidez que te embarga cuando, desde la calma posterior, volvemos la vista atrás y nos damos cuenta de que nos podíamos haber ahorrado una buena parte de dolor solamente con haber tenido una relación y lectura más consciente de la situación dolorosa ante la que hubiéramos podido adoptar simplemente otra postura distinta en la cual el sufrimiento quedaba minimizado.

Pero ¿es verdad que el binomio dolor–sufrimiento es la única vía de aprendizaje?, ¿tenemos que pagar en cuotas de dolor-sufrimiento todo error cometido?, ¿es necesario e ineludible este lamentable ciclo?

Creo que ya es tiempo de quitarse esta carga cultural, bien sea en términos de culpa cristiana o de *karma new age,* y despojar al sufrimiento del monopolio de moneda canjeable por experiencias de transformación o para pagar errores pasados. No se trata de menospreciar el valor del dolor, ni de debatir filosóficamente sobre el sufrimiento, al respecto Buda lo dejó todo dicho cuando sentenció «el dolor es inevitable, el sufrimiento es opcional», pero desde una posición más cotidiana creo que es necesario dejar de asumir un victimismo nacido de una errónea idea punitiva de la vida cuando su acción es correctora, lo cual es muy distinto, e integrar que, si bien el dolor existe, ni es en sí mismo ningún medio de avance ni, mucho menos, hemos de convertirlo en sufrimiento que alimente ni culpas ni *karmas,* pues es solo un veneno que primero ataca a la mente y luego va al corazón. Sin embargo, es un veneno para el cual hay antídotos.

Creo que hemos otorgado a ese binomio dolor–sufrimiento expiativo un estatus que no merece, cuando en realidad lo que ha hecho es usurpar el lugar de otros valores (los antídotos) sí imprescindibles en todo proceso de crecimiento: inocencia, generosidad, siembra del bien, comprensión… Tal vez podamos identificar mejor estos valores adecuadamente y ponerlos en acción cuando seamos capaces de desterrar de nuestras conciencias ese «ojo por ojo» que, cargado de rigor, nos aplicamos a nosotros mismos en una secuencia en la que primero nos juzgamos —«no juzguéis y no seréis juzgados»—, luego nos sentenciamos y, por último, nos aplicamos severamente el castigo condenándonos a nosotros mismos a llevar perennemente el sambenito de la culpa.

Dijo Jesús de Nazaret: «el que esté libre de pecado que tire la primera piedra»; efectivamente nadie merece ser apedreado y menos apedrearse a sí mismo.


## Vía, Verdad y Vida

> *«El Conocimiento tiene como objetivo unificar aquello que,*
> *necesariamente, la existencia debe dividir».*
> *«A través de la Gracia y el Espíritu viene trasmitido el*
> *Conocimiento».*
> *«Si queréis ser llenados por la Gracia y el Conocimiento,*
> *primero deberéis ser vaciados».*
>
> Doménico

El conocimiento real solo procede de Dios, Él es la Fuente. Y su acceso se produce de modo natural en función de la cercanía a Él que resulta del recorrido de la Vía. Una Vía viviente de retorno al origen, al Padre.

La Vía es un camino, por tanto, a la Unidad, al Uno, y según se recorre, el conocimiento se unifica. En la antigüedad decían que «cuando el conocimiento se consuma, aparece la Verdad».

En la creación en cuanto proceso, es la separación y lejanía de la Fuente la que genera la fragmentación y diversidad que percibe una mente humana preparada para captar esa fragmentación y diversidad; una mente especializada en la supervivencia. A esa mente imprescindible para la mejor participación en la existencia, el maestro Doménico la denominó «mente menor»; es decir una mente que es capaz de abarcar y de acceder a áreas diversas reducidas y concretas, pero incapaz de acceder a otros territorios incluso aunque se la violente. A una mente violentada le es mucho más difícil acceder a ese conocimiento unificado. Dicha violencia va desde el uso de psicotrópicos hasta forzarla para llenarla de fantasías y creencias irreales.

Muchas veces la Vía ha sido asimilada al hecho de subir a una montaña. En ese ascenso, la mirada horizontal que se tiene en la base no es capaz de acceder a una visión del conjunto que, poco a poco, a medida que se sube va adquiriendo otra perspectiva en función de la altura que se alcance: entonces se tiene ya una visión más global de las cosas y, por decirlo de algún modo, «los árboles no impiden ver el bosque». Si la mente menor funciona por separación (está diseñada para elegir, para optar, de ahí su capacidad de diferenciar), la mente mayor lo hace por integración: la mente mayor actúa a través de lo que une, no de lo que separa. Esa es también la diferencia entre intelecto e inteligencia, que ya en el Antiguo Egipto diferenciaron. El intelecto pertenece a la mente menor y funciona por separación y diferenciación; la inteligencia pertenece a la mente mayor y opera por unificación e integración.

Desde la cumbre de la montaña, es decir desde el vértice que unifica los lados de acceso, se contempla el vasto paisaje. Pero también ocurre otra cosa: ese paisaje, la creación, cada vez habla más alto y claro, precisamente por su unicidad, del Creador.

Sin embargo, el proceso de unificación lleva aparejada la necesidad de eliminar todo aquello que en su naturaleza no esté presente la Unidad y que no pueda ser integrado. Lo irreal no puede integrarse en lo Real.

Pero la Realidad de la vida, por fortuna, rodea al ser humano. Desde la antigüedad se sabía que el acceso a esa fuente de conocimiento se hace a través de la vida a la que la Vía, en su recorrido, va quitando velos. De ahí nació el concepto del «único libro» que guarda la Verdad: el «libro de la Vida». En el Antiguo Egipto esto era lo que se aprendía en las llamadas «Casas de la Vida», allí se enseñaba a comprender qué era la vida y a conocer su lenguaje.

Siglos después Jesús el Cristo dijo que él era Vía, Verdad y Vida: las tres encarnadas en «Uno que vive»: el «Viviente». Viviente que ha alcanzado dicho estado por medio de la Vía y la Verdad que contiene. Las tres imprescindibles la una para la otra; sin Vía no hay ni Verdad ni Vida; sin Verdad no hay ni Vía ni Vida; sin Vida no hay ni Vía ni Verdad.

## Recuerdo y maestros

Un aspecto básico en el recorrido de la Vía es el correcto entendimiento de la relación con el pasado: por un lado, aparece la necesidad de desidentificarse con la propia vida personal (en la Vía el pasado se esfuma) por otro lado, aparece el agradecimiento a todos los que antes recorrieron la Vía, especialmente a los maestros y a su tarea.

Si atendemos a las enseñanzas de los más grandes maestros espirituales y las consideramos desde la perspectiva de que muestran la evolución colectiva del ser humano fruto de la comprensión e integración de las enseñanzas y trabajo espiritual de los maestros que los precedieron, podemos adquirir conciencia del significado de aquello que representó un avance en el proceso evolutivo colectivo e individual de la humanidad.

Ya los egipcios distinguieron entre memoria y recuerdo. La memoria la identificaron con el papiro y con esa memoria sensorial adquirida en la vida que se grababa en la piel, la más superficial, y en el tejido pulmonar la más profunda. El recuerdo, de naturaleza espiritual, se asociaba al perfume, especialmente el del loto, y por tanto al olfato y al corazón. De este modo la memoria, el papiro, estaba vinculada al mundo, mientras que el recuerdo, el loto, estaba vinculado a los *neteru* y a nuestro origen divino que actúa como impulsor espiritual.

Fruto del trabajo espiritual acumulado por los distintos maestros resultó el poder dejar atrás el peso del pasado sin que este resultase ningún límite ni determinante ni condicionante.

El señor Buda (aprox. 600 años a. de C.), puso en marcha a partir de su propio logro espiritual la «rueda del *dharma*» como una puerta abierta a todos. En el contexto cultural e ideológico en que nació estaba presente la idea de la «rueda del *karma*» asociada a la de la reencarnación nacida en coherencia al perverso sistema de castas del hinduismo. El señor Buda abolió el factor determinante e incluso condicionante del *karma* en tanto un individuo optara libremente por seguir la senda abierta por él. Recordemos que en esa senda se abría la posibilidad de acabar con el sufrimiento, quedar al margen de la rueda del *karma,* entrar en la rueda del *dharma* y alcanzar la iluminación y la liberación de la ilusión de *maya.*

Este fue el don de la iluminación que Buda dejó a la humanidad. Abrió la puerta a una posibilidad gigantesca.

Jesús de Nazaret, seiscientos años después, fue más lejos. En el contexto ideológico judaico en el que él vivió, un niño al nacer lo hacía portando el pecado original, un pecado heredado del que no era responsable. El bautismo cristiano instaurado por él, significó el lavado de dicho pecado con el fin de que el recién llegado al mundo lo hiciese ya libre de ataduras condicionantes, ni *kármicas* ni pecaminosas: solo la inocencia. Su efecto significaba precisamente partir de un «sin pasado» y representó otra nueva puerta abierta a todos. El bautismo permitía la posibilidad de seguir la vida desde la senda de la inocencia o de caer en el pecado como una opción del presente que se vive pero sin cargas condicionantes previas: el ser humano opta en libertad y elige. Fruto de su trabajo espiritual Jesús borra el pasado de la humanidad: la redime de sus pecados. Como inicio de un nuevo ciclo, Dios envía al Espíritu Santo. Todo el mundo puede partir espiritualmente del punto cero de la inocencia y de disponer de la Gracia. Además, Jesús establece la relación de la humanidad con Dios a partir de otro código: la filiación, es decir, una relación padre hijo, además representa la hermandad entre todos.

Este fue el don de la Gracia concedida por Cristo por medio del Espíritu Santo.

Más o menos otros seiscientos años después, el Profeta fue más lejos aún: no hay ningún pecado original previo, la responsabilidad del ser humano es total y en su vida no interviene nada que pueda relacionarse ni con un pasado ni vinculante ni condicionante, tampoco hay intermediarios ni necesidad de objetos sacros, ni de ídolos, ni de ritos… la sacralidad está en él, en su corazón. Por un lado, está lo designado por Dios en su infinita sabiduría que escapa a la comprensión humana, por otro lado, sus actos, palabras y pensamientos de los que es responsable. Según el Corán, la naturaleza humana no es pecaminosa y es precisamente el ejercicio de su libertad en cuanto a actos, palabras y pensamientos, lo que representa su plena responsabilidad frente a Dios. Así mismo declara que el ser humano no carga con la culpa de nadie. Su responsabilidad es total, no hay nada ni nadie a donde derivarla y menos al pasado.

Este fue el don del Sello de la Profecía. El ser humano y Dios, solo Creador y criatura; sin intermediarios, sin ídolos, sin supersticiones, sin pasado, sin condicionantes.

Tal vez ahora, dentro de la propia dinámica y avances en el movimiento evolutivo propiciado por esos grandes maestros y por muchos otros anónimos que con su acceso a la iluminación y a la Gracia han puesto su propia luz en este camino, sea el momento de asentar esta premisa de «sin pasado» en la mayor cantidad de conciencias posibles con el objetivo de que pueda convertirse en el basamento para lograr una consciencia, primero individual y luego colectiva, que pueda desprenderse del peso de la memoria del yo y del mundo que carga la sangre y que así le sea más fácil el acceso al recuerdo del Ser anclado en la inocencia.

Y esto es más urgente sobre todo si ese pasado condicionante se transforma en una excusa o limitación. Además, por la propia naturaleza consecutiva de la vida, no es posible volver al pasado ni actuar allí.

Nuestra identificación parte de la acción de la memoria: soy de tal lugar, he hecho esto y aquello, pienso de esta manera… si la primera identificación de la consciencia se ata al cuerpo y su imagen, después esa consciencia se ata a la memoria biográfica en la que se graban experiencias, deseos, temores, creencias, etc. Sin embargo, tapado, oculto detrás de toda la vorágine existencial, aparece el Ser que, por su propia naturaleza carece de memoria —solo *es*— y de pasado. Es solo presencia, y la presencia únicamente habita en el presente.

Ya la carga de la memoria de la vida que vivimos —¿o nos vive?— es pesada y esa memoria nos hace ir una y otra vez al pasado que construyó nuestra biografía, si a esto además le ponemos el peso de unas hipotéticas memorias o culpas heredadas anteriores, las cadenas resultantes las convertiremos en irrompibles. Cadenas que Buda, Jesús o Mahoma sí eliminaron para que la humanidad creciese y avanzase más rápidamente y con menor carga de sufrimiento. Nos queda mostrar el profundo agradecimiento a su maestría y función. Por mi parte aprovecho para mostrar mi más profundo agradecimiento a quien fue mi maestro, el maestro Doménico. A través de estas líneas honro su recuerdo.

## La acción enzimática

La química nos enseña que, en un conjunto homogéneo, la introducción de un elemento nuevo, llamado catalizador, hace que dicho conjunto reaccione aceleradamente. Esos catalizadores actúan sobre moléculas sustrato sobre las que se produce la modificación, estos catalizadores no alteran el equilibrio reactivo y tampoco ven alterado su propio equilibrio. Un ejemplo de catalizadores son las enzimas que todos tenemos en nuestro organismo. Es decir, provocan la rápida modificación de un conjunto sin pérdida de su equilibrio interno. Este proceso se llama catálisis.

También nos enseña la química que hay inhibidores enzimáticos que impiden u obstaculizan la labor de las enzimas, al igual que hay cofactores que ayudan e incrementan dicha actividad enzimática. A su vez, las enzimas pueden ser muy específicas en su función tanto en lo referido al tipo de reacción como al sustrato involucrado en el proceso; por eso las enzimas son tan específicas como selectivas. La mayoría de enzimas son proteicas.

Traigo a colación estos principios químico–orgánicos porque nos pueden ayudar a comprender la inmensa labor enzimática de los grandes maestros como Buda, Jesús o Mahoma. Parece evidente que, más allá de sus mensajes y enseñanzas, lo cierto es que después de su acción espiritual se modificó el pasado y se abrió un nuevo tiempo; es decir, actuaron como catalizadores sobre un sustrato, la mayoría de las veces muy pequeño, que dinamizó y aceleró la historia. Estas enzimas actuaron sobre el sustrato espiritual. Sin embargo, hay otros hechos que cambian la historia en los que los catalizadores que intervienen lo hacen utilizando los sustratos culturales, económicos, sociales e ideológicos. Valgan los ejemplos de Alejandro Magno y la helenización, el viaje de Colón, el estallido de la Revolución Francesa, la Revolución Industrial o las I y II Guerras Mundiales. Las enzimas que intervinieron en dichos procesos son menos detectables pero sus sustratos lo son mucho más.

En lo referido a nuestro tiempo histórico, ¿podemos considerar como catalizadores de grandes cambios sociales el descubrimiento de la electricidad y su uso, de la máquina de vapor o de la penicilina?, ¿el impacto de la escritura, la publicación y repercusión de *El Capital*, *El origen de las especies* o las obras de Freud?, ¿el invento de la televisión, el automóvil o los ordenadores?, ¿la aparición de internet? La respuesta es sí.

En pocos años, principalmente en una parte del mundo, todas estas aportaciones bien ideológicas, bien científicas y tecnológicas, han modificado la estructura social de un modo acelerado hoy fácilmente predecible en su conclusión, pues todos estos catalizadores, en su conjunto, es evidente que están produciendo grandes cambios estructurales, entendiendo que, como cualquier cambio histórico, empiezan en lo más periférico, acción explosiva, para luego penetrar en la parte más profunda, acción implosiva.

Pero es indispensable también recordar que todo proceso de catálisis procura la mayor eficiencia del conjunto que interviene en el proceso de cambios químicos que los organismos necesitan para crecer y mantenerse sanos y que, una parte fundamental del proceso metabólico, resulta de la eliminación de elementos tóxicos. En la historia, esta eliminación de residuos se muestra con la desaparición de elementos del pasado dañinos y ya inútiles.

Dado el carácter cíclico de la historia y que la naturaleza humana apenas ha cambiado en lo referido a sus sustratos mentales y emocionales, es en la acción de las enzimas activas sobre el sustrato espiritual en donde reside la esperanza de nuestra evolución como especie, pues la estructura que se forma de la unión de una enzima sobre un sustrato espiritual, que a partir de ese momento queda modificado, no es la misma que se forma de la unión de un catalizador sobre un sustrato cultural o ideológico. Sin embargo, ambas en conjunto actúan de modo tanto explosivo como implosivo tal y como la historia nos ha demostrado.

Pero si hoy la acción de Buda, Jesús y Mahoma podemos verlas en el marco de una función enzimática superior, fruto del amor, y darnos cuenta de los resultados que produjeron, no es menos cierto que en otros momentos de la historia, incluido el presente en el que es evidente la acción de potentes catalizadores sobre el sustrato cultural, social e ideológico, la presencia de enzimas que actúan sobre el sustrato espiritual estuvieron y están enormemente activas a pesar de que operen discretamente para evitar en lo posible los inhibidores enzimáticos y a su vez favorecer la acción de los cofactores necesarios atendiendo a las condiciones de especificidad y selectividad indispensables para llevar a buen fin el proceso.

Sin embargo, mientras la inteligencia inherente a los procesos biológicos necesarios para el desarrollo y evolución de la vida, actúa al margen de nuestras opiniones, deseos, preferencias, etc., a nosotros nos queda, nunca mejor dicho gracias a Dios, la posibilidad de elegir el bien y la belleza. Parafraseando a Lorca cuando dijo que «la poesía no quiere adeptos, quiere amantes», podemos afirmar lo mismo respecto a la vida: esta nos quiere como amantes, pues el amor es la gran enzima modificadora real de nuestro entorno cercano y accesible.

Ama y haz lo que quieras. Si callas, callarás con amor; si gritas, gritarás con amor; si corriges, corregirás con amor; si perdonas, perdonarás con amor. Si el amor ha arraigado en ti, ninguna otra cosa sino el amor, serán sus frutos.

San Agustín de Hipona

# El factor dependiente



*«Dios no existe, Es».*
Doménico

Desde la filosofía siempre resultó muy difícil tratar de explicar la existencia de Dios. La argumentación que más ha perdurado a lo largo del tiempo es la que ha sido denominada el «factor dependiente». Esta idea, tomada de Aristóteles, la desarrolla la escolástica medieval principalmente por medio de santo Tomás de Aquino y de Guillermo de Ockham, el famoso monje filósofo creador del principio de la «navaja de Ockham» que decía que en igualdad de condiciones la explicación más simple es la más probable.

La mera observación de la vida muestra ese factor de dependencia de todo lo existente y entre todo lo existente. Valga el ejemplo de que la vida de un ser humano depende del oxígeno o que una planta depende de la luz o que comer una fruta depende de que haya crecido y madurado antes. Todas esas dependencias, a su vez, crean una cadena de interdependencias que parecen actuar a modo de una estructura dinámica provista de inteligencia. Interdependencias de las que el ser humano puede ser consciente o no; interdependencias en las que su voluntad está presente y puede ser activa, y otras interdependencias en las que su voluntad es completamente ajena e inactiva.

Sin embargo, si existe la dependencia, se deduce que hay algo de lo que se depende, y así sucesivamente hasta el origen de esa dependencia, es decir, una causa, un principio del cual lo demás depende pero que es independiente en sí mismo. Aristóteles lo llamó «el motor inmóvil» o lo que mueve sin ser movido. Además, se puede deducir que muchas dinámicas de dependencia, visibles o invisibles, obedecen a factores que podemos definir como «mecánicos» y que actúan como engranajes dependientes de dicha inteligencia motora. Los factores visibles aparecen a menudo dentro del marco de la lógica y la razón, y los otros en los que no se percibe ni coherencia interna, ni explicación, ya los antiguos los definieron con la frase, tomada del teatro, *Deus ex machina* para referirse a la idea de que ese principio al que llamaron «Dios» está detrás de cualquier mecanismo.

La profundización en la misma observación anterior, nos puede llevar a percibir la inteligencia subyacente presente en toda la dinámica de dependencias e interdependencias. Por último, queda preguntarse si ese algo independiente, causa de las causas y origen de los orígenes, e inteligente en su acción, tiene un propósito y además es consciente de sí mismo; es decir, el paso de ese motor de ser «algo» a ser «alguien». La escolástica cristiana, mezcla de teología y filosofía, afirmó que ese origen es inteligente, tiene propósito y es consciente de sí mismo. A esa causa–principio independiente de todo, pero de lo que todo depende y poseedor de inteligencia y consciencia se la llamó «Dios».

Ya el cordobés Averroes también había incorporado el pensamiento aristotélico a la teología musulmana con la misma idea de «Dios–Principio y Causa Primera» y la de que toda la creación y sus dinámicas interdependientes, tanto perceptibles como imperceptibles, obedecen a la voluntad y acción divinas tal y como afirma el Corán.

Pero también cabe preguntarse si todo lo dependiente posee y guarda cualidades y calidades emanantes de su origen, y si están en coherencia con la función inteligente que los seres cumplen, conscientes o no, en las dinámicas de interdependencia y de sus interacciones presentes en la vida. Si la respuesta a esta pregunta es «sí», se abre un enorme espacio en lo referido a la comprensión de la naturaleza humana.

Por último, si se acepta la idea de ese alguien con consciencia de sí mismo, y, por el propio principio del factor dependiente, implicaría que el ser humano con consciencia de sí mismo, a imagen y semejanza de aquello de lo cual depende, participaría de sus mismas cualidades y calidades, si bien en el marco de su acción aparecerían los límites vinculados a sus dependencias, como a los de su propia inteligencia vinculada a su función, tanto en lo referido a su pertenencia al colectivo de los seres humanos, como a la propia individualidad.

Y dado que en todo ese contexto de acción interdependiente en el que se desenvuelve el ser humano y que llamamos «vida» está presente tanto la causa, inmóvil y atemporal, a pesar de los límites mencionados, podemos deducir que es a través de la misma vida e interdependiente de ella y con ella, como el ser humano puede llegar a recordar a Dios, es decir, tomar conciencia de ese origen del que depende y al que está unido, por medio de vivir a Dios privilegiando lo fundamental sobre lo accesorio; es decir, priorizando, por tanto, lo que pertenece a la causa sobre lo que pertenece a la mera mecánica de las interdependencias que obedecen a la inteligencia que las mueve y a su propósito. En el marco humano, esos circuitos de dependencias e interdependencias, la mayoría ajenos a la acción de la voluntad de la criatura, muchas veces se convierten en una fuerte carga de elementos condicionantes susceptibles de arruinar una existencia si se les da arraigo y se parte de la falsa idea de que la criatura condicionada posee un prácticamente ilimitado campo de acción, cuando en realidad es justo lo contrario. Para un ser humano, un acto de sabiduría resulta de discernir aquello que depende de él de aquello que no depende de él. Otro acto de sabiduría resulta de discernir cuales son los campos en los que las fuerzas ejecutivas humanas vinculadas a su acción como la voluntad, el esfuerzo, la determinación, la constancia, etc., son útiles y provechosas y en qué campos de acción sus esfuerzos son estériles por ubicarse en territorios que no le pertenecen.

Pero basado en el mismo principio descansa uno de los principales axiomas del recorrido de la Vía: la consciencia individualizada de uno mismo y el «recuerdo» de ese origen y la inteligencia asociada a él, es independiente por naturaleza ya que pertenece a la causa. Es en este marco, en donde se entiende que la Vía es un camino de retorno hacia esa causa, un camino en el que se van abandonando los conflictos que aparecen por las limitaciones asociadas a la participación en la existencia orgánica a partir de la comprensión de las diferentes dependencias y su asunción, y en el que cada vez más se integran las adquisiciones que se obtienen en la Vía en términos de consciencia e inteligencia en este caso vinculadas a aquello en nosotros que pertenece y es el origen–causa independiente, es decir, Dios.

Es por ello que se dijo: «la verdadera libertad consiste en hacer aquello que se debe hacer».

Respecto al propósito, más allá del recuerdo del origen y del entendimiento del «retorno» a Dios y de los medios que Él disponga para ello, y al igual que ocurre con la acción de su inteligencia, quedan fuera del alcance de la comprensión humana y permanecen ocultos bajo los velos del misterio.

## La aspiración

> «*Todo cuanto oigo es la llamada de mi Amado*».
> Rumi

Otro de los aspectos básicos de la Vía consiste en evaluar, medir, la propia voluntad frente a la voluntad de Dios.

Un ser humano solo puede aspirar a lo que Dios le ha dado pero que aún no ha tomado de Él. He ahí que su libertad y su aspiración entonces no es solo legítima, sino que, al ser consciente de ello, está obligado a tomar ese don y hacerlo efectivo. A veces es bien sabido que a las criaturas su don no les gusta y prefieren otros más atractivos pero que no están insertos en el plan de Dios; de ahí que recibimos no lo que nos gusta sino lo que nos conviene.

Pero el ser humano no puede aspirar a lo que Dios no le ha donado, pues en ese caso solo perseguirá una quimera, una ilusión fruto de su consciencia dormida. Esto genera la doble frustración de no alcanzar esa aspiración irrealizable y a la vez de no dar curso a su don o dones propios.

Verdaderamente hay dones que son difícilmente perceptibles por su sutileza y que por tanto nunca son vistos ni detectados fácilmente cara al exterior y por ello ni reciben ni aplausos ni reconocimientos. Son los dones que Dios, en su grandeza, adorna con el anonimato. A veces, esos dones son difíciles de detectar incluso para quien los posee, especialmente si ese don no queda definido y catalogado por la mente o está disociado de la sensorialidad.

¿Y dónde quedan la voluntad y el esfuerzo? Se puede poner toda la voluntad en arar el mar y todo el esfuerzo en contar la arena del desierto, pero voluntad, esfuerzo y otros grandes valores de este tipo son solo operativos allí donde son útiles.

Y al final aparece siempre la misma pregunta ¿qué es útil ?, ¿lo que pertenece a la vida?, ¿lo que alimenta, nutre y hace crecer? ¿lo que el bien procura? ¿lo que porta paz y alegría? La respuesta a estas preguntas significa un posicionamiento: saber dónde se está; saber lo que se quiere.

¿Y el legítimo deseo de alcanzar el triunfo?, queda preguntarse también si los que han logrado el triunfo lo deben a la voluntad de Dios o están bajo la fantasía de que lo han conseguido con sus propios esfuerzos o méritos. Dice el Corán que «no cae ni una sola hoja sin que Él lo sepa». Si leemos en el diccionario la palabra triunfar nos dice que es «ganar o conseguir la victoria en una lucha o competición», también «conseguir los objetivos propuestos».

Surgen preguntas: ¿sin lucha, sin competición, no hay triunfo?, ¿competir, luchar, con quién o contra qué?, ¿y si no quiero luchar?, ¿y si no quiero que otros elijan mis batallas?, ¿y si mi lucha es ya solamente aquella que aparezca en mi camino del encuentro con Dios?, ¿y si no quiero ya otra lucha que no sea esa?, ¿y si otras luchas me entorpecen y distraen?

¿Y qué triunfo?, ¿qué objetivos propuestos? ¿ese íntimo que representa vivir la vida de acuerdo con unos valores y en la paz de un corazón limpio que implora encontrarse con Dios?, ¿o ese tipo de triunfo que ha de ser visible y perceptible para los demás y que lleva asociado el reconocimiento del mundo junto a las recompensas que ofrece? En la Vía, el triunfo ha de ponerse también en las manos de Dios y ser fuente de agradecimiento y generosidad.

Pero si a las recompensas ofrecidas por el mundo se añaden las recompensas al ego, aparecen la vanagloria, el engreimiento, la soberbia, la autocomplacencia: *vanitas vanitatis,* uno de los más peligrosos venenos.

Solo Él sabe. Solo Él da y quita.

## La libertad, el libre albedrío y los límites

Otra aspiración de la Vía es el acceso a la libertad. La libertad verdadera solo se conquista cuando se puede comenzar a prescindir ya de deseos, rechazos, creencias, fantasías, apegos, objetos…

No se puede confundir libertad con la posibilidad o no de elegir. La elección parte del discernimiento y de la propia posibilidad.

A su vez, se comprende el factor diferenciador de la necesidad. Respirar no es una opción que se elija ni algo que sea prescindible.

La libertad está vinculada en cambio a las cadenas, a lo que nos ata y, sobre todo, limita. Límites que condicionan la posibilidad de ser cada vez más completo y alcanzar la potencialidad y la totalidad de lo que se es. Deseos, rechazos, creencias, fantasías, apegos y objetos son cadenas capaces de atar y, lo más importante, limitar. A mayor cantidad de deseos, de rechazos, de creencias, de fantasías, de apegos y de objetos, más cadenas y más límites que impiden la expansión y el poder alcanzar la potencialidad inherente a la propia condición de ser humano.

Los materiales básicos del que están hechas las cadenas son el miedo y el no comprender adecuadamente que, si bien nuestra raíz es humana, nuestra naturaleza primordial no lo es.

Sin embargo, el amor es expansivo, también lo es la inteligencia, entendida como capacidad de acceso a aquello que es sin la intermediación del intelecto.

Y la naturaleza de la consciencia tiende también a la expansión hacia lo ilimitado. Ocurre cuando la consciencia de uno mismo rompe esos límites impuestos por deseos, rechazos, creencias, fantasías, apegos y objetos. Todo empieza cuando se descubre que no son más que los barrotes de una prisión.

El camino a la libertad continúa cuando el deseo va mutando en aceptación, el rechazo en comprensión, las creencias en el bendito «no–sé», la fantasía en realidad, los apegos en amor, y los objetos en simples cosas destinadas a la mera utilidad.

No es fácil desde luego, pero merece la pena comenzar a darse cuenta de ello. Y, justo al lado de la libertad y, aunque resulte en principio extraño, está el servicio.

## El servicio

Se sirve a la vida a través del servicio a uno mismo buscando siempre lo que el bien procura y mediante el servicio a los hermanos que es el servicio al amor. Dada la inteligencia que aúna, poco a poco, se privilegia lo que une entre hermanos sobre lo que separa.

Así comienza el sentido de fraternidad: da igual raza, religión, sexo, cultura… todos somos hijos del mismo Padre y todos, alguna vez, hemos sido servidos. El servicio está unido a la generosidad y al principio de equilibrio: yo hoy puedo y tú no; mañana tú podrás y yo no. Unos padres tienen siete hijos, los padres y seis hijos llevan el pan a la mesa, pero uno no puede hacerlo porque está impedido. A través del amor y del servicio, ese hijo que no puede traer el pan también tendrá su porción por medio de sus padres y hermanos que buscarán que nunca le falte. Es la naturalidad del amor a la que está unida el servicio. En la Vía se procura que el servicio sea también natural y adornado con la discreción, así mismo es por su propia naturaleza una fuente de enseñanza y de comprensión. Además, es una de las grandes puertas de acceso a la vestidura de la humildad tan necesaria en la Vía por su vínculo con la sencillez y la inocencia. Y servir significa ser útil, es decir, participar en la dinámica activa de la vida y así, entender e incorporarse de modo más intenso al hecho privilegiado de vivir. Pero a veces no es fácil.

## La paz: la rebelión y el adversario

Según dijo el maestro Doménico somos hijos de la rebelión, y si hay rebelión, es que hay algo o alguien contra lo que nos rebelamos. Según el relato bíblico el primer rebelde fue Lucifer, el ángel caído, que en su caída fruto de su soberbia, portó una porción de luz que descendió hasta el ser humano.

Por otro lado, la vida de cada día es conflicto, es lucha, sorda o abierta, es pelear por lo que deseamos, es pelear contra lo que no queremos. Y si hay lucha, hay enemigo, hay un adversario; en lengua hebrea Satán significa adversario, término que también significa «mal camino». Los egipcios a ese adversario de Horus, la luz, lo llamaron Set, «aquel que divide». Set mata a su hermano Osiris y Caín mata a su hermano Abel; en ambos casos vemos cómo y cuándo se cruza el umbral oscuro de convertir al hermano en adversario; sin embargo, todos somos hijos de Dios Padre: somos hermanos en Él.

Y sí, efectivamente, con solo mirar alrededor nos encontramos con conflictos de todo tipo, algunos de los cuales nos afectan de modo más cercano o lejano. Y hay conflictos externos e internos, conflictos que llevan a la rebelión y lucha con el exterior; conflictos que generan rebelión y lucha frente a nosotros mismos; nos llevan a un estado de guerra.

¿Cuál es el origen del conflicto?, ¿de dónde nace?, ¿tiene un principio que lo causó y un fin cuando desaparece la causa?, ¿una vez que el conflicto se pone en marcha sigue de modo inercial aunque la causa que lo originó haya desaparecido?, ¿hay que estar directamente damnificado en un conflicto para que la rebelión y la lucha se inicien o basta con que la mente elija en qué lado posicionarse y, así, involucrarse en él?

La historia nos dice que cuando hay enfrentamiento contra lo diferente, contra lo que no se reconoce como igual, se pelea para adquirir poder, para dominar sobre aquello que es diferente. Es una lucha que nace del miedo y el odio.

Cuando se enfrenta lo similar a lo similar, entonces se pelea para alcanzar la supremacía y la autoridad entre iguales. Es la lucha que entonces nace del deseo de sobresalir y alcanzar privilegios y de la necesidad de control.

¿Se puede estar al margen del conflicto?, ¿se puede ser solo un observador no involucrado en el mismo? No, no se puede al menos de modo integral dado que estamos constituidos en parte por el conflicto y somos sus herederos: nacemos en un ambiente de conflictos, crecemos entre conflictos y todo nuestro entorno social y cultural está basado en el conflicto: grupos e idearios que buscan denodadamente dominar y tener supremacía sobre otros que se rebelan ante ello.

Pero sí se puede intentar actuar para alcanzar algo de paz, por alcanzar *As Salam,* la Paz, aplicando tan solo un poco de sentido común y recordando enseñanzas básicas al respecto. Lo primero es darse cuenta de los que son solo enemigos imaginados, enemigos que solo tienen vida en nuestra pérdida de contacto con la realidad que «está bajo nuestros pies» —algo verdaderamente fácil hoy día— es decir, evitar confundir los molinos de viento con gigantes, lo cual implica intentar no vivir en un estado interior de conflicto frente al mundo pues cualquier cosa puede convertirse en un gigantesco enemigo, hasta un inofensivo molino. Lo segundo es evitar que otros nos elijan las batallas, *sus* batallas, pero no las nuestras, a su vez, entender en qué batallas nuestra acción puede ser útil o no, pues librar batallas ajenas es solo una triste pérdida de energía y recursos que necesitaremos cuando se nos presente una batalla que *sí es nuestra* y en la que nuestra acción pueda ser verdaderamente determinante. Por último, queda separarse del tumulto, alejarse de la pelea cuando esa pelea ni es justa ni es necesaria y ha nacido solo de la miseria, el miedo, la arrogancia y el deseo de poder de quienes compiten.

No nos hacen falta todas esas batallas ajenas, pues en realidad el adversario está cerca, siempre alerta para encontrar la brecha por donde penetrar, nadie como él para detectar nuestras debilidades, nuestras grietas, los puntos débiles. Lo mismo le sirven los miedos, las vanidades, la arrogancia, los deseos o las aversiones, todo le vale para lograr convertirse en nuestro enemigo para, poco a poco, ser capaz de envenenar nuestra casa y llevarnos al caos y al conflicto. Ese adversario es más peligroso y real que los molinos de viento que imaginamos como enemigos, que los conflictos de los que luchan por un poder del mundo que prevalezca sobre otro poder del mundo, de los que pelean solo para conseguir sus deseos y cumplir sus ambiciones intentando robarnos nuestra energía buscando nuestra complicidad o nuestra lástima, manipulando ideas y emociones en su propósito de lograr nuestro apoyo a su causa. Su poder empieza cuando la semilla de su veneno se enraíza en el corazón; su poder termina cuando esa semilla no arraiga y muere. Y, como dijo Buda, es en la mente donde el conflicto encuentra su sustento para mantenerse vivo; él los identificó como los tres venenos: aversión, deseo e ignorancia. Ya dejó dicho también: «todo lo que somos es fruto de lo que pensamos».

«Mi paz os dejo, mi paz os doy; yo no os la doy como el mundo la da. No se turbe vuestro corazón, ni tenga miedo», dijo Jesús de Nazaret que nos pide alejarnos de la turbación y el miedo en su forma de enseñanza clara, precisa y directa. Pero su paz no se refiere a levantar murallas, a poner cerrojos, a dormir con un ojo abierto, a protegerse de mil maneras; esa es la paz del mundo, una paz que no es tal, sino que la confundimos con la necesidad de seguridad y de control. Jesús nos dejó *otra* paz.

Sobre el nombre de Dios, *As Salam* (la Paz) dice Ibn Arabí: «Tienes necesidad de este nombre para guardar la salud y pureza de tu esencia del acontecer de aquello que te vincule con el defecto *(ayb)* y, en caso de que tal cosa viniera, para que te libre y preserve de la posibilidad de que (el defecto) perdure y se consolide».

En el sufismo es importante la enseñanza sobre la atención a la «persistencia del defecto *(ayb)*»; por decirlo de algún modo el ser humano está expuesto necesariamente al «defecto», a aquello que produce la tara del desequilibrio y por tanto afecta a actos y pensamientos que devienen en defectuosos; sin embargo, puede evitarse la «persistencia en el defecto» impidiendo que este tome raíz en el corazón, pues mientras habite en otros lugares puede ser eliminado, diluido, si no se le afianza y sostiene con la fuerza de la mente y de las emociones tormentosas.

En el cristianismo se ha llamado «la Noche de Paz», «la Nochebuena», la noche en la que nace un niño inocente de naturaleza divina, esa larga noche oscura, aparentemente vacía si bien late, silente, pero que en la preñez de su negritud lleva una luz renovada, purificadora, a punto de nacer que ofrece la posibilidad de traspasar las capas de la agitación y los conflictos humanos y que permite y ayuda a llevar el propio corazón hasta la morada de la inocencia en brazos de la Madre y ante la presencia del Padre. Ahí, en el reino del amor, en la cueva protegida del corazón a donde ha llegado la luz de la estrella celeste, ya no hay rebelión ni conflicto: solo paz. Que esa paz llegue al trono, tome su reino y perdure.

## El guerrero espiritual y la inocencia

*«La inocencia es el perfume de Dios».*
Doménico

Una de las grandes metáforas usadas en la Vía es la del «guerrero espiritual». Dentro del mito caballeresco, el caballero inicia su aventura en la que ha de liberar a la dama, una doncella, de las cadenas del dragón: es el rescate de la inocencia. Un mito similar lo tenemos en el sufismo, de donde bebe la tradición caballeresca cristiana. Ibn Arabí enseña sobre la *yihad* señalando que no se refiere a una lucha contra nadie, si no a una lucha contra uno mismo; el objetivo: lograr la libertad. Ese rescate de la inocencia tiene que ver, por tanto, con la conquista de la libertad, pues ambas van unidas.

La idea sobre la que descansan estas metáforas es que en la naturaleza humana se libra una batalla, la conquista a obtener es el alma–corazón a veces simbolizado por el vaso del grial. Los contendientes son por un lado la naturaleza animal genética, que los sufíes llaman *tab,* que a su vez se alía con el más poderoso yo egoico que los sufíes llaman *nafs.* Por otro lado, está el Espíritu que manda al caballero al combate. Este caballero representa a las fuerzas internas ancladas en el recuerdo de Dios y que responden a la nobleza y al amor. En este relato, el alma–corazón está secuestrada, encadenada, por esos poderosos amos que la esclavizan. Cuando el alma, simbolizada por la doncella–inocencia, toma conciencia de su esclavitud, de que está en manos de sus amos, empieza a rebelarse y a clamar por su libertad. Es entonces cuando se pone en marcha el caballero, que dispone de la espada de la fe y de la justicia, del escudo de la oración y de su fiel caballo que representa su voluntad, coraje y resistencia; su armadura es la humildad. Y, sobre todo, le mueve el amor; el guerrero solo responde a la voluntad del Espíritu Santo que le guía y solo se rinde ante la fuerza incontenible del amor que provoca la inocencia.

El patrón del caballero es san Jorge, el maestro de maestros que enseña a romper las cadenas para liberar al alma de su cautividad. Pero el combate es intenso y duradero, pero, poco a poco, el Espíritu Santo, el señor a quien sirve el caballero va impregnando el alma que, a medida que crece por el alimento del Espíritu, más ansía su libertad. Mientras, el *nafs*, ese yo egoico, no va a dejar que su presa quede libre fácilmente. Si el diablo tentó al mismo Jesucristo, el *nafs* buscará cada vez formas más sutiles para tentar al alma y que esta no solo ignore que está encadenada, sino que incluso esté complacida en su prisión. Tal es el poder de las ilusiones capaces de crear el señor del mundo. También Buda, antes de alcanzar la iluminación, tuvo que enfrentarse a las cada vez más sutiles tentaciones del demonio Mara.

Queda por decir que ese caballero nace y actúa en tanto el alma toma conciencia de estar encadenada: significa un enorme paso interior el tomar consciencia de cómo el *nafs,* con todo su despliegue de deseos e ilusiones, ha tenido retenida al alma que, por su naturaleza, antes o después aspirará a volver a su señor: el Amado. El objetivo y poder del *nafs* ha sido siempre tenerla adormecida bajo sus ilusiones y que no repare en su prisión.

Sin embargo, hay un momento en que el *nafs* empieza a perder la batalla, cada día, cada hora, cada minuto, tiene un ápice de poder menos; sabe que aún lo tiene pero que antes o después lo perderá. La inocencia ha crecido y ahora aspira al encuentro con el amor que la liberará. Así, el caballero rescatará a la princesa, a la inocencia: el *nafs* no puede derrotar a la fuerza del amor. La doncella suspira por ser liberada y por el amor de su liberador, su amante; el caballero enamorado suspira por la belleza e inocencia de la amada.

Y es entonces cuando se produce un hecho maravilloso y resulta cuando la doncella rescatada, la inocencia, rescata también a su opresor, el dragón, y lo lleva junto a ella hasta el Espíritu. De este modo ese *nafs* y ese *tab*, ya amansados por el amor de la inocencia que tenían retenida se transforman y se integran en el alma. El rescate se ha producido y el alma pertenece ya entera al Espíritu.

El guerrero ha terminado su trabajo. Él es el resumen de la virtud en acción, del servicio en acción. También entonces comprende que él ha sido formado por el Espíritu a partir de las partes más elevadas del alma, las virtudes, esas partes que habían despertado y que ya no estaban bajo el dominio ni de la naturaleza genética, ni del «yo–ego». Por tanto, él es una parte del alma que lo formó; el alma es pues triple: es dama, es caballero y es Espíritu. El alma ya no está dividida en una parte inocente y esclavizada y en otra que una vez sirvió al *nafs* hasta que se rebeló y se convirtió en caballero del Espíritu para, precisamente con las virtudes del alma, liberar al alma. Así aparecen luego en los relatos los esponsales, las bodas entre amada y amante, entre dama y caballero, y esa unión la celebra el Espíritu Santo.

En los cuentos, los caballeros del grial fueron antes señores de la guerra que usaban sus armas y su brazo para luchar en el mundo para el señor del mundo. Pero un día se rebelan, se dan cuenta que ya no desean servir al mundo ni a su señor y entonces son tocados por el Espíritu y deciden servir al grial, a su corazón que pertenece a Dios y rescatar a la doncella, la inocencia que Él ama.

Los caballeros que ya han encontrado el grial saben su trabajo: vaciarlo de todo lo que no es Dios, purificarlo, alinearlo con la Fuente de la Gracia y esperar a que poco a poco se llene. Ese es el servicio a Dios, al Espíritu Santo y a su jefe san Jorge, y así solo aspiran a rescatar, proteger y servir a la inocencia, aquello en nosotros que Dios reconoce y ama.

Sin embargo, y forma parte de la Vía, pareciera que durante una parte del recorrido Dios no está o que, al menos, nos ignora.

## Los silencios de Dios

Cuantas veces, al sentirnos acosados por los problemas de la vida, salud, económicos, de relación…, nos dirigimos a Él y nos encontramos con su silencio; parece que no responde.

O al menos no responde como creemos que nos debería responder. Si es respecto a una enfermedad, su respuesta debería ser la salud; si es sobre la penuria económica, su respuesta debería ser que nos llegaran bienes materiales en abundancia, y así sucesivamente. Si eso no ocurre, nos referimos a los silencios de Dios.

El silencio también está presente en la Vía, pero aquí se muestra de manera distinta. Durante los tránsitos más íntimos en los que van desapareciendo las referencias reconocibles, mentales y sensoriales, el silencio se hace cada vez más intenso, más denso, unido a una soledad que, sin embargo, apenas duele por ser necesaria. La soledad ofrece un campo distinto de experimentación en donde toda interacción es con uno mismo: la imagen en el espejo. Si con los demás la máscara tiene su función, frente a uno mismo es inútil. Por ello, muchas veces la necesidad de darse a los demás lleva asociado el temor a mirarse en el espejo, el temor a la soledad, al silencio, el temor, en suma, a que Él pueda aparecer.

No estamos acostumbrados al silencio; estamos acostumbrados a ese proceso de emisión-recepción basado en el factor excitativo como forma de comunicación. Estamos acostumbrados a la secuencia estimulo-reacción. A la mente tampoco le gusta el silencio; mientras está excitada, está ocupada, es decir, algo la ocupa, *no está vacía*. Sin embargo, el silencio es en sí mismo un lenguaje. Un lenguaje que solo funciona por medio del vacío. El sonido no se propaga en el vacío, el silencio sí.

Dijo el maestro Doménico[12] que «el silencio es el lenguaje de Dios»: es así cómo Él nos habla. A veces puede surgir el vértigo si la mente se desboca: ¿qué hay en el vacío?, ¿nada?, ¿si está vacío no puede haber nada?, ¿tampoco identidad?, ¿en ese vacío «yo soy yo»?; ¿ese «yo» es el mismo yo que soy en la forma con la que me identifico?

Preguntas que son solo palabras que emanan del mundo de las ideas, ¿hay ideación en el vacío? Antes he hablado del estado «no sé», en el que se van disolviendo los contenidos mentales que ocupan un espacio y es su disolución la que va dejando por fin el vacío y el silencio. Y es conveniente repetirlo: «el silencio es el lenguaje de Dios».

---

12. Respecto a sus enseñanzas, pueden leerlas en la obra *Enseñanzas de la Tradición Original* firmada por mí.

# Las herramientas de la Vía

En la Vía, y para el mejor desarrollo de la espiritualidad del ser humano, se hicieron cada vez más sencillas las prácticas necesarias para el crecimiento en Dios. Una fue la meditación, simplificada y dejándola desprovista de elementos accesorios por parte de Buda; la otra, la plegaria enseñada por Jesús y el Profeta. Sin embargo, en la plegaria bien ejecutada, está implícita la meditación. No obstante, hay diferencias entre meditación y oración.

La primera es una herramienta que se centra en el autoconocimiento del individuo y más exactamente en lo que respecta a los contenidos de su mente y a la mecánica de su funcionamiento reactivo. Veamos los objetivos de la meditación.

## Meditación

> *«Solo hay una verdad, una existencia, un conocimiento,*
> *la conciencia unitaria, pura, invariable, más allá de la*
> *materia y el objeto. Este conocimiento es Dios,*
> *el Señor del Amor».*
>
> Srimad Bhagavatam

**Conocer los contenidos de la propia mente** en el entendimiento de que esos contenidos y su acumulación son la base de los pensamientos y la conducta. Esos contenidos han ido introduciéndose en la mente a lo largo de la vida por la educación, entornos sociales, creencias heredadas o elegidas, etc. Unos contenidos habitan incrustados en las capas más profundas, otros habitan en capas más superficiales y asequibles. Un paso muy importante resulta de descubrir aquellos contenidos mentales que son nocivos y dañan a uno mismo y a los demás.

**Conocer los mecanismos de funcionamiento de la mente** en el entendimiento de que esos mecanismos, por defecto, funcionan por reactividad, de modo inercial y automático y sin, o muy poca, intervención de la consciencia. La otra forma de funcionamiento de la mente, por defecto también, se basa en que por su diseño siempre trata de encontrar su mejor confort, seguridad y economía energética e intenta hacer los menores cambios posibles respecto a los contenidos que tiene ya instalados.

**Acallar la mente** sobre todo en lo referido al «parloteo mental» o «pensamiento volátil» que se produce por la continua actividad mental sobre todo cuando está excitada. Ese parloteo mental puede interiorizarse y no salir al exterior o exteriorizarse cuando se verbaliza y se emiten improvisadamente y sin reflexión, juicios, opiniones, relatos de todo tipo… En este sentido se enmarca la práctica del silencio, referido sobre todo a conseguir el silencio de la mente.

**Calmar la mente** en cuanto se refiere a rebajar el estado de excitación mental y reducir la frecuencia e intensidad de su reactividad. Esta reactividad se refiere a inercias ya instaladas que actúan de modo automático al margen de la consciencia. Hay que entender que cuanto más excitada está la mente, salvo en ocasiones excepcionales, peor trabaja, es menos eficiente y más desconectada está de la inteligencia. Se debe entender como inteligencia la función que facilita la capacidad de acceso a la percepción, lectura y acción en el mundo del modo más sencillo, rápido, eficiente y con menos costes energéticos. Esto se logra precisamente reduciendo el parloteo mental y sus contenidos nocivos, la excitación y la reactividad consecuente.

**Obtener la capacidad de direccionar la mente hacia lo «alto»** con el fin de clarificarla, liberarla y dirigirla cada vez con más frecuencia a pensamientos más elevados. Un logro de la meditación es lo que en Oriente se llama la experiencia de *samadhi,* un estado de calma perfecta asociado a una sensación de beatitud. En este estado, que puede ser más menos o intenso y duradero, la mente no actúa ya como un velo distorsionador de la Realidad y aparece la distinción de aquello que es meramente fenoménico e intrascendente e irrelevante respecto al Ser.

Es obvio que estos logros hay que intentar aplicarlos en la vida cotidiana. De nada vale alcanzar un estado satisfactorio durante una hora de práctica de meditación si al volver de ese estado todo sigue igual y la mente se mantiene sin modificaciones relevantes. Toda meditación tiene como fin alcanzar el estado meditativo durante el mayor tiempo posible en la vida cotidiana, inmerso en esa cotidianidad y realizando todas las actividades comunes y necesarias.

A este hecho se refiere uno de los *yogas* mayores, el *karma yoga* o *yoga* de la acción. En este *yoga,* es la acción, desde la más cotidiana hasta la menos frecuente, el medio conductor al estado meditativo. Unas formas de aprendizaje fáciles para empezar eran la práctica de un ejercicio simple como caminar o la concentración en sencillos trabajos manuales que una persona podía realizar sola, lo cual facilitaba introducirse en un estado meditativo deteniendo la excitación y el parloteo mental. Una vez entrenado en este paso, se pasaba al intento de alcanzar el estado meditativo en cualquier otra actividad en la que ya estuviera presente «el otro». A partir de este punto, la práctica de *karma yoga* llevaba aparejado el propósito de discernir cuánto ego intervenía en las decisiones y actos cotidianos, es decir si eran meramente reactivos y sin consciencia o si esa acción nacía de una mayor presencia y de un pensamiento más alineado con la inteligencia inherente a la vida. A su vez, se experimentaba el modo y manera en el que el «otro» significaba un elemento modificador de la conducta y si esa modificación era positiva, neutra o negativa. Otra estrategia básica consistía en eliminar del entorno las fuentes de excitación mental, especialmente las que más exacerban, y a su vez buscar entornos y contextos que ayudasen a encontrar la calma.

Lo anteriormente mencionado fue asumido e integrado principalmente por el sufismo. Un sufí debía permanecer en el mundo inmerso en sus actividades. Así se dejaba atrás la idea de permanecer aislado del mundo para alcanzar *samadhi*. Por explicarlo de algún modo, el *samadhi* de la meditación en soledad practicada por el ermitaño o el monje, utiliza solo sus propios ingredientes, el *samadhi* del que vive en el mundo, utiliza sus propios ingredientes a los que suma los del mundo.

Para abordar esta mayor dificultad se incorporó al trabajo espiritual operativo la herramienta de la oración que, además de proveer los beneficios de la meditación, abría la enorme posibilidad de alcanzar más rápidamente la cercanía a Dios.

## Oración

En el cristianismo y posteriormente en el islam, la plegaria u oración, fue el pilar y eje de la práctica espiritual no solo de monjes o ermitaños, sino también de todas las personas inmersas en la actividad del mundo dada la facilidad para su ejecución.

Si la meditación significa la aspiración del encuentro con la propia mente, con sus contenidos y funcionamiento, la oración significa la aspiración del encuentro con Dios a través del corazón. El acercamiento a Dios que significa la práctica de la oración, lleva implícita y contiene el encuentro con uno mismo en su totalidad, incluido con la propia mente.

En la oración se abre una puerta ya que, en su práctica está presente la intención, la palabra y su significado y el aliento, todo ello susceptible de que se acompañe de la presencia. Esta presencia, poco a poco, se va alcanzando con la disciplina y la repetición que conduce, paso a paso, a un estado de «no–mente». Así, esta se vacía y aparece el estado de «no–sé». Además, se impulsa la identificación entre el que nombra y lo nombrado. La oración es también un diálogo, término griego compuesto por los vocablos *dia* (a través) y logos (palabra), y esta puede ser verbalizada o silente. En ambos casos, el diálogo que representa la oración procura ocupar el espacio del parloteo mental, es decir, de la actividad inercial de la mente que se mantiene en continua actividad por la energía con que se dota a sus contenidos.

Al igual de lo anteriormente mencionado sobre la meditación en acción, es igualmente recomendable la oración en la acción. El fiel que ejecuta su plegaria en la intimidad durante un tiempo de su jornada, poco a poco, llevará esa oración a cada instante, a cada acto, a cada respiración, a cada latido del corazón. Los sufís vinculan la plegaria tanto a la invocación, como al *dhikr*, el momento del recuerdo de Dios. Así, poco a poco, se va implementando el recuerdo de Dios en las pequeñas cosas cotidianas y esa sutil presencia va mostrando en el corazón una realidad distinta a la que lleva la memoria del mundo. La gran revolución del verdadero trabajo espiritual es el de la sustitución de la memoria del mundo por el recuerdo de Dios. Uno de los grandes efectos de la oración es que es capaz de producir un vaciado del corazón librándolo de todo aquello que lo oprime y le pesa; una vez vaciado y cada vez más limpio y, a través de la propia presencia, puede llegar la Presencia de Dios.

Son otros los efectos de la práctica de la oración además de lo mencionado. Uno de ellos es la aparición de la gratitud en el corazón que comienza a mirar la vida, lo viviente, como un don de gigantesco valor. Del mismo modo aparece la capacidad de entender y apreciar el verdadero valor de las cosas; de este modo se produce el hecho de que aquello que en su día se consideraba como fundamental ahora se torna irrelevante y que lo que entonces pasaba desapercibido, ahora se vuelve hermoso y de enorme valor. Es como si el color de una flor o el canto del pájaro alcanzaran un lugar muy elevado, el cual antes estaba ocupado por discursos filosóficos o atractivas teorías. Todo ello se debe a que el corazón, siempre inocente, busca los entornos y contextos en donde esa inocencia se puede expandir; básicamente son los de la sencillez, la paz y la belleza junto a una alegría relajada; la clave de expresión es la dulzura.

Por último, en la oración aparece también el solicitamiento, el pedir a Dios, pero siempre dentro del marco de su voluntad, y sobre todo pedir el propio mejoramiento, pedir el perdón de las faltas y pedir el bien común. Todo ello, además sirve para discernir aquellas peticiones a Dios que no parten de la aspiración a su cercanía, si no que provienen de las apetencias del *tab* y de los deseos del *nafs*.

## Santa Teresa y la oración

*«Solo Dios basta»*.
Santa Teresa de Jesús

Sin ninguna duda, santa Teresa de Jesús representa una de las cimas de la espiritualidad no solo cristiana, sino también universal. En estos tiempos de tribulaciones y confusión, pero también de búsqueda de paz interior, la práctica de la plegaria se convierte en una oportunidad de trabajo íntimo y eficaz. A Teresa de Jesús se la llamó «la maestra de la oración». La santa de Ávila profundizó mucho en la fuerza espiritual de la oración y en especial en la del Padre Nuestro.

La oración la entiende como un acto de gran potencia, suave e intensa a la vez, que permite alcanzar la experiencia mística y que detalló en sus respectivas etapas. La oración que solo tiene una intención: la unión con Dios.

Sus superiores y hermanas la pidieron escribir un libro sobre la oración. El libro fue *Las Moradas* o *castillo interior* porque, según sus palabras: «… considerar nuestra alma como un castillo todo de diamante o de cristal claro en donde hay muchos aposentos, así como en el cielo hay muchas moradas y en el centro y mitad de todas está la principal donde pasan cosas secretas entre Dios y el alma; la puerta para entrar en el castillo es la oración…».

Los siete grados de oración de santa Teresa que corresponden a las siete moradas o estancias que el alma ha de recorrer y que describe en *Las Moradas* son según el resumen más extendido:

- En la primera etapa el alma se aleja del mundanal ruido.
- En la segunda el alma se abstiene de faltas graves.
- En la tercera el alma siente piedad, temor y amor a Dios.
- En la cuarta, en el alma se despiertan los sentidos espirituales. Aparece el recogimiento infuso.
- En la quinta el alma gusta de la oración de unión.
- En la sexta aparece la unión extática.
- En la séptima, la oración y unión con Dios son ya continuas y permanentes.

Respecto a los efectos de su práctica, nos dice la propia santa en su libro *Fundaciones:* «… En lo que está la suma perfección, claro está que no es en regalos interiores, ni en grandes arrobamientos, ni visiones, ni en espíritu de profecía, sino en estar nuestra voluntad tan conforme con la de Dios…».

Dice santa Teresa definiendo la oración en *El Libro de la Vida:* «…Es tratando a solas con Quien sabemos que nos ama».

Por fin, la santa advierte en *Las Moradas:* «…poco me aprovecha estarme muy recogida a solas haciendo actos con nuestro Señor, prometiendo y proponiendo de hacer maravillas por su servicio, si en saliendo de allí, que se ofrece la ocasión, lo hago todo al revés».

Sí, efectivamente, la plegaria es una potente fuerza espiritual y, dada su eficacia, diríamos que imprescindible para los que anhelan regresar junto al Padre.

## El poder de la plegaria

El gran maestro Ibn Arabí escribió:

> Estuve enfermo, y en mi enfermedad llegué a perder el sentido de tal modo que me daban ya por muerto. Vi entonces un grupo de gente de aspecto horroroso que querían hacerme daño; pero vi también a una persona hermosa que exhalaba un aroma agradable y que con fuerza rechazaba el ataque de los otros hasta que logró dominarlos. Díjele yo entonces: "¿Quién eres tú?" "Yo soy —me respondió— la azora *Ya Sin* (el capítulo xxxvi del Corán que se reza sobre los agonizantes) que te defiende". Desperté de mi letargo y me encontré con que mi padre estaba llorando a mi cabecera y acababa de rezar aquella azora.[13]

La razón por la que la azora adquiere forma humana se explica porque en toda epifanía, cuando esta llega a la mente, adquiere la forma humana que es la más perfecta que esta conoce añadiéndole además atributos divinos, según explica el mismo Ibn Arabí.

Es realmente revelador el hecho de que una plegaria, en este caso del Corán, se convierte en una forma activa y viviente capaz de realizar una función relacionada con lo que expresa. Desde esta perspectiva se comprende el inmenso valor que las tradiciones espirituales han concedido a la oración. Si esa oración además tiene como fuente la potencia espiritual de Jesucristo con el *Padrenuestro,* o la que contiene la Revelación del Profeta, se deduce el inmenso

---

13.   Del libro *Amor humano, amor divino: Ibn Arabí* de Asín Palacios.

poder de esas plegarias, pues están sostenidas y alimentadas por una enorme fuerza espiritual.

Este episodio narrado por Ibn Arabi deja claro que la oración en la que está presente la intención, el pensamiento, el corazón, la lengua, el aliento y la palabra, produce *algo* ejecutivo y activo que actúa tanto en el interior como en el exterior de quien realiza la plegaria. La intención pone la semilla, el pensamiento lo da forma interior, el corazón lo gesta y nutre, la lengua lo dinamiza, el aliento lo impulsa y la palabra le da forma exterior.

Dice Ibn Ata Allah de Alejandría, uno de los más grandes maestros de todas las épocas: «No abandones la invocación (la plegaria) porque no te sientas en presencia de Dios. Es más grave la ausencia completa de la invocación que la invocación sin la participación del corazón. Quizá Dios te eleve desde esa invocación imperfecta a una invocación con concentración, y de ahí a una invocación con presencia en el corazón para llevarte, finalmente, a una invocación en la que desaparezca todo lo que no sea el Invocado».

Sabemos desde el Antiguo Egipto el enorme poder que la palabra tenía y que era la base de *heka,* la magia. Curiosamente en lengua egipcia se parecen muchísimo los términos «voz» *(jru)* y «luz» *(ru).* Baste también recordar la enseñanza de «en el principio fue el Verbo» para comprender la importancia de la Palabra y, volviendo al Antiguo Egipto, recordemos su afirmación de que «todo aquello que ha de pasar a la existencia antes ha de ser nombrado»; es decir, si se nombra adecuadamente con mente y corazón «en sagrado», se construye un puente para que acuda a la existencia lo nombrado, de este modo la oración se transforma en un *pontifex,* un «constructor de puentes», que unen a amante y Amado.

# La morada del amor



*«... hágase conmigo según tu palabra».*
*Evangelio de Lucas 1-37*

En el sufismo se trata frecuentemente el tema del Amado y el amante y, en consecuencia, el del amor. Este es, entre otras cosas, un lugar, una morada en la que se puede habitar, es un lugar alcanzable y es a partir de esa morada, de ese lugar, desde donde se abre el acceso a otras: si no se alcanza la morada del amor, otras son inaccesibles. Y su puerta está en el corazón.

Así, nace el estado del amante, aquel que ama; a su vez está el sujeto de su amor, el Amado. Sin embargo, en la «estación del amor» se produce la revelación que solo el amor pone las condiciones del amor, no las pone el amante. En la primera estancia de la morada del amor está la mirada capaz de ver al Amado en todo si bien su primera expresión es la belleza siempre unida a la inocencia que inicia la conmoción del comienzo de su cercanía, por eso dijo Ibn Arabi: «mires donde mires, allí verás la faz de Dios». Y aparece el movimiento interior que hará que el amante siempre busque la cercanía del Amado. Como decía Rumi: «ahora todo lo que oigo es la llamada del Amado».

Dijo el maestro Doménico: «amar verdaderamente significa llegar a ser inocente». Y dijo también «...el sentimiento es el vector del amor» y «...el sentimiento queda siempre como un gran medio de transporte del amor», y ese medio de transporte, para el ser humano reside en la carne y en sus sentimientos y emociones. De este modo, la química del cuerpo, sus emociones y sentimientos son útiles formas de conducir el amor siempre que haya una relación armónica entre contenedor y contenido. El amor solo puede ser llevado en volandas por aquello que no lo profana.

Dijo Ibn Arabí: «el amor es la energía que atrae a la criatura hacia su origen divino». Es la fuerza de atracción que procura el Amado, su atractivo se muestra irresistible a poco que se levanten los velos de las apariencias y se vislumbre Su grandeza. Entonces el amante se da cuenta de que también es amado por Él; que Él le ama; entonces la conmoción es ya inmensa. Poco a poco aprenderá a amar como Él le ama. Se convertirá en un enamorado perpetuo y hallará siempre oportunidades para que su carne, su emoción y su sentimiento busquen la forma de amar más bella y útil, así se convertirá en un servidor del amor como forma de complacer a su Amado: hágase su voluntad en la rendición del amor. Habitando en la morada del amor, su mirada encontrará ahora con más facilidad la inocencia y la belleza consustanciales a lo creado, incluido a sí mismo, pues si es amado por Él, entiende que ese hecho lo eleva hasta la dignidad del merecimiento. Para el amante los velos del mundo, contingentes y espesos, no pueden contener el Fuego del Amor que consume en su hoguera todas las máscaras que ocultan lo Real. También a Jesús lo tentó Satán y a Buda el demonio Mara. En tanto la fuerza del amor exista, aparecerán maneras bastas o sutiles, que procurarán deformarlo y convertirlo en patéticas formas que intentarán parecerse. Algo inútil, pues ni Satán ni Mara, pueden pasar la prueba de la inocencia, la prueba de la belleza, la prueba del servicio generoso, la prueba de la libertad, la prueba de discernir donde Él está presente… el amante sabe que el amor siempre triunfa: es espada y escudo del guerrero, manto y báculo del peregrino, escudilla y cíngulo del monje y que solo le necesita a Él. Es suficiente en Sí Mismo.

Felices en sus corazones son los enamorados, los que habitan la morada del Amor en cualquiera de sus estancias; al final el Amor no se puede ocultar, pues si el Amor es también vínculo, la abundancia que procura en el corazón no puede dejar de expresarse ni en la mirada, ni en la palabra, ni en las manos.

Embriagado de Él, Rumi encontró el deleite que emanaba de la belleza de sí mismo y del Amado y escribió:

*A ser amante de Dios aprendí anoche:*
*Vivir en este mundo y no llamar nada mío.*

## Una historia de amor

*«El ser humano, en su estado natural, en el Amor encuentra el gusto de la Totalidad, y es por eso que es fundamental para un ser viviente amar y ser amado».*
Doménico

En la Vía se va alcanzando dulcemente el lugar en donde empieza a descubrirse la belleza de Uno Mismo y el nacimiento del verdadero Amor ya que tú eres el espejo en donde Él se mira. Por eso se dice que sin amor a uno mismo no hay otro amor más que el que pertenece al mundo. Del mismo modo la creación va mostrando también su belleza y va otorgando la llave de sus dones. Pero a la vez, el ego muestra su rostro, pues es celoso de ese amor nuevo. No tolera que hayas encontrado a otro Amado.

Y debes saber que tratará de seducirte con todas sus armas, las viejas y las nuevas. Intentará poner el mundo a tus pies, pero tú ya no perteneces al mundo: le perteneces a Él.

El amor empieza en la dulzura de la mirada con la que te contemplas. Ya no eres solo una criatura compuesta de carne, huesos y humores, sino una obra de Dios en la que está viva y presente su Presencia. De este modo descubres que le perteneces y que nunca ha sido de otro modo. La comprensión de esa pertenencia rompe las cadenas de la esclavitud del yo fraguado en el mundo y comienza a alcanzarse la libertad que aparece en la unidad indisoluble del

Ser con el designio. Es la libertad del Ser y el Ser no contempla elección; toda elección es dualidad. El Ser, *es*.

Como toda historia de amor comienza con la aceptación. Y la primera es la aceptación de la propia vida porque la vida también desea expresarse en mí pero esa expresión solo es posible como un acto de amor puesto en la entrega de mí mismo. Entonces se comprende la diferencia entre la vida y el mundo pues hasta entonces se habían confundido ambos. La Vida forma una Unidad con la Verdad y la Vía. El mundo pertenece a una ilusión creada por la propia vida a través de la necesidad de la que está formada.

Y esa es la necesidad vinculada al hombre. Una necesidad presente en su naturaleza orgánica. Y la primera necesidad que hay que cumplir es la de sumergirse en la ilusión del mundo donde quedará atrapado por las ilusiones consecuentes de un yo y la de que ese yo es capaz de «hacer».

Inmerso en la vida y siendo por tanto ya viviente, tu respiración se convierte en plegaria, tu pensamiento se vuelve plegaria, el latido de tu corazón es también plegaria y todos tus actos y palabras son plegarias. A su vez tú eres la plegaria a Dios de la vida. Como tantas veces se ha afirmado, la Vía es una historia de amor.

El amor, desprovisto de fantasía y de emotividad, podemos considerarlo como un tipo de energía muy particular. Es, sobre todo, la energía del vínculo y se alimenta y genera positividad provocando la condición de privilegiar lo que une sobre lo que separa. Es la energía que conduce a la unión, al Uno.

En una persona, una vez establecido ese vínculo respecto a otra, es muy difícil que se rompa en el ámbito de lo Real. Cuanto más sólido es ese vínculo, es más sutil, y por tanto no provoca ni dependencia, ni apego.

En tanto humano, solo requiere ser renovado a través de la presencia física, nutrido por la positividad y la generosidad y asentado y garantizado por el respeto.

La amistad es la más alta condición del amor ya que no suele estar vinculada a la actividad física del sexo que, la mayoría de las veces, contamina a nivel psicológico, emocional, afectivo y vital, la unión de dos individuos.

En tanto la mente necesita separar para reconocer y luego discernir, es lógico que sea extremadamente eficaz en buscar las diferencias y las priorice respecto a lo que es igual. Como la mente está diseñada para seleccionar y optar, categoriza como «mejor» aquello que ha seleccionado y, como «peor» lo rechazado. Esto se debe a que la mente trabaja para alcanzar cada vez una mayor individualidad siendo esta una fase de maduración del individuo.

El amor, en cambio, busca siempre la unificación. Es capaz de percibir aquello, por muy recóndito que esté, que identifica como Uno a lo que la percepción ordinaria identifica como separado.

Es importante destacar que otros impulsos como la atracción sexual, vínculos familiares o sentimientos de afinidades y empatía, por poner unos ejemplos, son susceptibles de ser convertidos de modo sencillo en amor si existen las condiciones correctas para ello.

Una diferencia sustancial, entre esos impulsos y el amor, es que el amor no necesita recompensas, únicamente ser nutrido. Cuanto el amor es más intenso, más está conectado con la libertad pues carece de deseos, rechazos y expectativas.

El amor necesita pues tanto del amante como del Amado. Es un camino de ida y vuelta que nutre y unifica.

**Ese es el milagro.**

# Epílogo

Sí, es posible acceder a un trabajo espiritual, la Vía está viva y activa. Es cierto que previamente se necesita cierta capacidad de discernimiento, la necesidad interior ya mencionada, madurez de carácter, algo de coraje y la propia sinceridad e inocencia. Cuando todo ello converge, de modo natural aparece ante el individuo la Vía y esta puede mostrarse de muchas maneras distintas: a través de un encuentro, una casualidad, un amigo, un libro… es entonces cuando el individuo elige en total libertad poner o no el pie en ella pues la posibilidad y capacidad de elección es indispensable en la Vía.

No será fácil su recorrido, pues la Vía es sencilla y esa misma sencillez incrementa su dificultad. Tampoco promete ni fuegos artificiales, ni poderes, ni milagros, ni concede privilegios: solo ayuda al individuo a acercarse cada vez más a Dios, a ponerse bajo su mirada. Pero en ese camino, se va perdiendo lentamente todo lo que ha ido construyendo el yo, y esto para muchas personas es algo que les produce un gran temor que es natural, pues se camina por un delgado puente sobre un abismo que separa lo que fue de lo que aún no ha aparecido. Se comienza a transitar una senda en la que las referencias anteriores ahora ya no valen.

En la Vía también encontrará obstáculos, dos de ellos principales, pero afortunadamente, reconocibles: el mundo y sus demandas y la propia mente atada al mundo que funciona como un ancla y que impide que el corazón se alce. Pero el peregrino de la Vía cuenta con el gran tesoro de su corazón en donde está encendida la chispa divina, y sabe que no está solo en su viaje si bien el camino deberá recorrerlo en soledad interior. Y como dijo el maestro Doménico: **inserto en la Vía, la Tradición no lo abandonará nunca.**